プリント形式のリアル過去問で本番の臨場感！

愛知県

名城大学附属 高等学校

2025年★春 受験用

解答集

本書は，実物をなるべくそのままに，プリント形式で年度ごとに収録しています。
問題用紙を教科別に分けて使うことができるので，本番さながらの演習ができます。

■ **収録内容**

・解答集（この冊子です）

　　書籍ID番号，この問題集の使い方，最新年度実物データ，リアル過去問の活用，
　　解答例と解説，ご使用にあたってのお願い・ご注意，お問い合わせ

・2024（令和6）年度 ～ 2019（平成31）年度　学力検査問題

JN046725

○は収録あり	年度	'24	'23	'22	'21	'20	'19
■ 問題（一般入学試験）		○	○	○	○	○	○
■ 解答用紙（マークシート形式）		○	○	○	○	○	○
■ 配点							

全教科に解説
があります

☆問題文等の非掲載はありません

教英出版

■ 書籍ID番号

入試に役立つダウンロード付録や学校情報などを随時更新して掲載しています。
教英出版ウェブサイトの「ご購入者様のページ」画面で，書籍ID番号を入力してご利用ください。

書籍ID番号 **122321**

（有効期限：2025年9月30日まで）

【入試に役立つダウンロード付録】
「ラストチェックテスト(標準／ハイレベル)」
「高校合格への道」

■ この問題集の使い方

年度ごとにプリント形式で収録しています。針を外して教科ごとに分けて使用します。①片側，②中央
のどちらかでとじてありますので，下図を参考に，問題用紙と解答用紙に分けて準備をしましょう（解答
用紙がない場合もあります）。

針を外すときは，けがをしないように十分注意してください。また，針を外すと紛失しやすくなります
ので気をつけましょう。

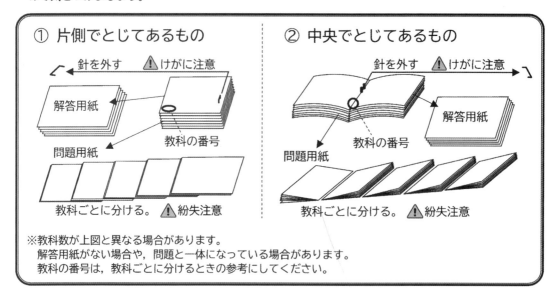

※教科数が上図と異なる場合があります。
　解答用紙がない場合や，問題と一体になっている場合があります。
　教科の番号は，教科ごとに分けるときの参考にしてください。

■ 最新年度 実物データ

実物をなるべくそのままに編集してい
ますが，収録の都合上，実際の試験問題
とは異なる場合があります。実物のサイ
ズ，様式は右表で確認してください。

問題用紙	B5冊子(二つ折り)
解答用紙	A4マークシート

リアル過去問の活用

~リアル過去問なら入試本番で力を発揮することができる~

❀ 本番を体験しよう！

問題用紙の形式（縦向き / 横向き），問題の配置や余白など，実物に近い紙面構成なので本番の臨場感が味わえます。まずはパラパラとめくって眺めてみてください。「これが志望校の入試問題なんだ！」と思えば入試に向けて気持ちが高まることでしょう。

❀ 入試を知ろう！

同じ教科の過去数年分の問題紙面を並べて，見比べてみましょう。

① 問題の量
毎年同じ大問数か，年によって違うのか，また全体の問題量はどのくらいか知っておきましょう。どのくらいのスピードで解けば時間内に終わるのか，大問ひとつにかけられる時間を計算してみましょう。

② 出題分野
よく出題されている分野とそうでない分野を見つけましょう。同じような問題が過去にも出題されていることに気がつくはずです。

③ 出題順序
得意な分野が毎年同じ大問番号で出題されていると分かれば，本番で取りこぼさないように先回りして解答することができるでしょう。

④ 解答方法
記述式か選択式か（マークシートか），見ておきましょう。記述式なら，単位まで書く必要があるかどうか，文字数はどのくらいかなど，細かいところまでチェックしておきましょう。計算過程を書く必要があるかどうかも重要です。

⑤ 問題の難易度
必ず正解したい基本問題，条件や指示の読み間違いといったケアレスミスに気をつけたい問題，後回しにしたほうがいい問題などをチェックしておきましょう。

❀ 問題を解こう！

志望校の入試傾向をつかんだら，問題を何度も解いていきましょう。ほかにも問題文の独特な言いまわしや，その学校独自の答え方を発見できることもあるでしょう。オリンピックや環境問題など，話題になった出来事を毎年出題する学校だと分かれば，日頃のニュースの見かたも変わってきます。

こうして志望校の入試傾向を知り対策を立てることこそが，過去問を解く最大の理由なのです。

❀ 実力を知ろう！

過去問を解くにあたって，得点はそれほど重要ではありません。大切なのは，志望校の過去問演習を通して，苦手な教科，苦手な分野を知ることです。苦手な教科，分野が分かったら，教科書や参考書に戻って重点的に学習する時間をつくりましょう。今の自分の実力を知れば，入試本番までの勉強の道すじが見えてきます。

❀ 試験に慣れよう！

入試では時間配分も重要です。本番で時間が足りなくなってあわてないように，リアル過去問で実戦演習をして，時間配分や出題パターンに慣れておきましょう。教科ごとに気持ちを切り替える練習もしておきましょう。

❀ 心を整えよう！

入試は誰でも緊張するものです。入試前日になったら，演習をやり尽くしたリアル過去問の表紙を眺めてみましょう。問題の内容を見る必要はもうありません。どんな形式だったかな？受験番号や氏名はどこに書くのかな？…ほんの少し見ておくだけでも，志望校の入試に向けて心の準備が整うことでしょう。

そして入試本番では，見慣れた問題紙面が緊張した心を落ち着かせてくれるはずです。

※まれに入試形式を変更する学校もありますが，条件はほかの受験生も同じです。心を整えてあせらずに問題に取りかかりましょう。

名 城 大 学 附 属 高 等 学 校

《数　学》

1	ア. ①	イ. ⑥	ウ. ⊖	エ. ①	オ. ⑦	カ. ⑤	キ. ②	ク. ③	ケ. ①	コ. ⑦
	サ. ⑧	シ. ⑧	ス. ①	セ. ⑧	ソ. ⓪	タ. ③	チ. ⑥			
2	ア. ①	イ. ④	ウ. ⊖	エ. ④	オ. ①	カ. ⑨	キ. ⑥	ク. ①	ケ. ⓪	コ. ③
	サ. ①	シ. ⑥	ス. ⓪							
3	ア. ⑤	イ. ③	ウ. ⑥	エ. ②	オ. ③					
4	ア. ③	イ. ②	ウ. ①	エ. ⑨	オ. ⑤	カ. ③	キ. ④			
5	ア. ②	イ. ⓪	ウ. ③	エ. ①	オ. ⑤	カ. ②				

《国　語》

1	1. ⑤	2. ③	3. ①	4. ③	5. ②	6. ③	7. ⑤	8. ①	9. ③	10. ④
	11. ④	12. ⑤	13. ②	14. ⑤	15. ①	16. ②	17. ③	18. ③	19. ④	20. ①
	21. ②	22. ②	23. ③							
2	24. ①	25. ④	26. ③	27. ④	28. ④	29. ④	30. ①	31. ①	32. ①	
	33. ⑥ (32と33は順不同)		34. ②							

《理　科》

1	1. ⑤	2. ④	3. ③	4. ④	5. ⑤	6. ①	7. ④	8. ⑤	9. ④	10. ⑤
2	11. ①	12. ④	13. ①	14. ③	15. ②					
3	16. ③	17. ①	18. ②	19. ⑤	20. ③					
4	21. ④	22. ②	23. ②	24. ④	25. ③					

《英　語》

1	1. ②	2. ④	3. ②	4. ③	5. ⑤	6. ⑤	7. ①	8. ①	9. ②	10. ②
2	11. ⑤	12. ①	13. ⑤	14. ④	15. ②					
3	16. ③	17. ⑤	18. ④							
4	19. ①	20. ②	21. ③	22. ②	23. ③	24. ②	25. ⑤			
5	26. ③	27. ①	28. ①	29. ②	30. ④	31. ⑥ (30と31は順不同)				
6	32. ③	33. ②	34. ①	35. ④	36. ③	37. ⑤				

《社　会》

1	1. ②	2. ④	3. ④	4. ③	5. ①	6. ③	7. ④			
2	8. ②	9. ④	10. ④	11. ①	12. ⑤	13. ⑤	14. ③	15. ①	16. ⑤	17. ④
	18. ①									
3	19. ①	20. ①	21. ③	22. ②	23. ④	24. ③	25. ①			
4	26. ①	27. ①	28. ⑤							

══《2024 数学 解説》══

1 (1) 【解き方1】与式を整理してから，因数分解を利用して解く。

与式より，$x^2+x-2=270$　　$x^2+x-272=0$　　$(x-16)(x+17)=0$　　$x=16,\ -17$

【解き方2】$x-1$と$x+2$は差が3だから，$15×18$を差が3である2数の積で表す。負の数に注意する。

まず，$(x-1)(x+2)=15×18$より，$x-1=15$，$x+2=18$の場合を考えると，$x=16$となる。

$(x-1)(x+2)=(-18)×(-15)$より，$x-1=-18$，$x+2=-15$の場合を考えると，$x=-17$となる。

(2) 与式$=\dfrac{4(2x+5y)-3(x-y)}{12}=\dfrac{8x+20y-3x+3y}{12}=\dfrac{5x+23y}{12}$

(3) 【解き方】まず，$a+b$とabの値を求める。

$(a+1)(b+1)=5$より，$ab+a+b+1=5$　　$ab+a+b=4\cdots(ⅰ)$

$(a+2)(b+2)=10$より，$ab+2a+2b+4=10$　　$ab+2a+2b=6\cdots(ⅱ)$

$(ⅱ)-(ⅰ)$でabを消去すると，$2a+2b-a-b=6-4$　　$a+b=2$

$(ⅰ)$に$a+b=2$を代入すると，$ab+2=4$　　$ab=2$

$(a+3)(b+3)=ab+3a+3b+9=ab+3(a+b)+9$

ここで，$a+b=2$，$ab=2$を代入すると，$2+3×2+9=$**17**

(4) 【解き方】$\sqrt{2024-n}$が，2024より小さい最大の平方数（自然数を2乗してできる数）になるようなnの値を求める。

$40^2=1600$，$50^2=2500$で，2024は2500よりも1600に近い。したがって，2024に近い平方数は，45以下の数の平方数と予想できる。$45^2=2025$，$44^2=1936$だから，$\sqrt{2024-n}=\sqrt{1936}=44$となればよい。

よって，求めるnの値は，$2024-1936=$**88**

(5) 【解き方】1年前のパン1個の金額をx円，牛乳1本の金額をy円とし，連立方程式をたてる。

1年前の金額の合計について，$x+y=350\cdots(ⅰ)$

現在の，1年前よりも値上がりした分の金額について，$\dfrac{3}{10}x+\dfrac{2}{10}y=440-350$より，$3x+2y=900\cdots(ⅱ)$

$(ⅱ)-(ⅰ)×2$でyを消去すると，$3x-2x=900-700$　　$x=200$

$(ⅰ)$に$x=200$を代入すると，$200+y=350$より，$y=150$

よって，現在の牛乳1本の金額は，$150×(1+\dfrac{2}{10})=$**180**(円)

(6) 【解き方】正十角形の各頂点を通る円の中心をOとする。図形全体が右図の直線$ℓ$について線対称なので，△CBDは二等辺三角形である。

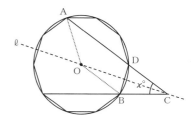

Dを含まない方の$\overparen{AB}$に対する中心角は，$360°×\dfrac{6}{10}=216°$

円周角は，同じ弧に対する中心角の半分の大きさだから，

$\angle ADB=216°×\dfrac{1}{2}=108°$

$\angle CDB=180°-108°=72°$だから，$x°=180°-72°×2=$**36°**

2 (1) $y=ax^2$のグラフはPを通るから，$y=ax^2$に$x=6$，$y=9$を代入すると，$9=a×6^2$より，$a=\dfrac{1}{4}$

(2) 【解き方】四角形$BAFE$は長方形だから，周の長さは縦の長さと横の長さの和の2倍なので，$(AB+AF)×2=40$となることからtの方程式をたてる。

AとBはx座標がtであり，それぞれ$y=\dfrac{1}{4}x^2$，$y=x^2$のグラフ上の点だから，$A(t,\ \dfrac{1}{4}t^2)$，$B(t,\ t^2)$と表

せる。放物線$y=\frac{1}{4}x^2$は放物線$y=x^2$よりも開いているので，AはBよりも下側にあり，

AB＝（Bのy座標）−（Aのy座標）＝$t^2-\frac{1}{4}t^2=\frac{3}{4}t^2$

FはAとy軸について対称なので，F$(-t, \frac{1}{4}t^2)$だから，AF＝（Fのx座標）−（Aのx座標）＝$-t-t=-2t$

（AB＋AF）×2＝40より，$(\frac{3}{4}t^2-2t)\times2=40$　　　整理すると，$3t^2-8t-80=0$　　　$t^2-\frac{8}{3}t=\frac{80}{3}$

$t^2-\frac{8}{3}t+\frac{16}{9}=\frac{80}{3}+\frac{16}{9}$　　$(t-\frac{4}{3})^2=\frac{256}{9}$　　$t-\frac{4}{3}=\pm\frac{16}{3}$　　$t=\frac{4\pm16}{3}$　　$t=\frac{4+16}{3}=\frac{20}{3}$，$t=\frac{4-16}{3}=-4$

$t<0$より，$t=-4$

(3)　【解き方】Eを通り△APEの面積を2等分する直線は，APの中点を通る。

APの中点をMとする。A$(-4, 4)$だから，

Mのx座標は，$\frac{（AとPの x座標の和）}{2}=\frac{-4+6}{2}=1$，

Mのy座標は，$\frac{（AとPの y座標の和）}{2}=\frac{4+9}{2}=\frac{13}{2}$なので，M$(1, \frac{13}{2})$

B$(-4, 16)$よりE$(4, 16)$だから，直線EMの傾きは，

$(16-\frac{13}{2})\div(4-1)=\frac{19}{6}$

直線EMの式を$y=\frac{19}{6}x+b$とし，Eの座標を代入すると，

$16=\frac{19}{6}\times4+b$より，$b=\frac{10}{3}$　　　よって，求める直線の式は，$y=\frac{19}{6}x+\frac{10}{3}$

(4)　【解き方】右図のように記号をおくと，できる立体は，底面の半径がARで高さがABの円柱から，底面の半径がARで高さがRQの円すいを除いた立体である。

QはAEの中点だから，Qのy座標は，$\frac{（AとEの y座標の和）}{2}=\frac{4+16}{2}=10$

AR＝（AとRのx座標の差）＝4，　AB＝（AとBのy座標の差）＝16−4＝12，

RQ＝（RとQのy座標の差）＝10−4＝6

よって，求める体積は，$4^2\pi\times12-\frac{1}{3}\times4^2\pi\times6=160\pi$

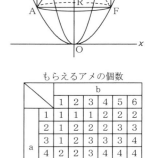

3　【解き方】$1=\sqrt{1}$，$2=\sqrt{4}$，$3=\sqrt{9}$，$4=\sqrt{16}$，$5=\sqrt{25}$，$6=\sqrt{36}$だから，もらえるアメの個数は，abの値が，1〜3のとき1個，4〜8のとき2個，9〜15のとき3個，16〜24のとき4個，25〜35のとき5個，36のとき6個となる。したがって，右表のようにまとめられる。

(1)　名城さん以外の11人の個数の合計を求めると，34個となる。名城さんを含めた12人の個数の合計が，3×12＝36(個)より少なければよいので，名城さんが35−34＝1(個)もらえればよい。そのような出方は，表より5通りある。2個のサイコロの目の出方は全部で6×6＝36(通り)だから，求める確率は，$\frac{5}{36}$である。

(2)　名城さん以外の11人の個数は，1が2つ，2が3つ，3が1つ，4が2つ，5が3つ，6が0である。

名城さんが1個もらえると，最頻値が1，2，5の3つになり，条件に合わない。

名城さんが4個もらえると，最頻値が2，4，5の3つになり，条件に合わない。

名城さんが2個もらえると最頻値が2になり，5個もらえると最頻値が5になり，3個または6個もらえると最頻値が2，5の2つになるから，いずれも条件に合う。

したがって，名城さんがもらえる個数が，2，3，5，6個のいずれかならばよい。そのような出方は，表より

もらえるアメの個数

		b					
		1	2	3	4	5	6
a	1	1	1	1	2	2	2
	2	1	2	2	2	3	3
	3	1	2	3	3	3	4
	4	2	2	3	4	4	4
	5	2	3	3	4	5	5
	6	2	3	4	4	5	6

24通りあるから，求める確率は，$\dfrac{24}{36}=\dfrac{2}{3}$

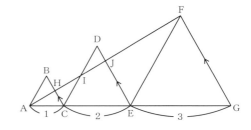

4 (1) 【解き方】同位角が等しいから，ＢＣ//ＤＥ//ＦＧである。

△ＡＧＦにおいて，ＥがＡＧの中点でＥＪ//ＧＦだから，

中点連結定理より，$ＥＪ=\dfrac{1}{2}ＧＦ=\dfrac{3}{2}$

(2) 【解き方】△ＣＨＩと△ＥＪＦにおいて，

ＢＣ//ＤＥより，∠ＣＨＩ＝∠ＥＪＦ，

ＤＣ//ＦＥより，∠ＣＩＨ＝∠ＥＦＪだから，

△ＣＨＩ∽△ＥＪＦである。相似な図形の面積比は相似比の２乗に等しいことを利用する。

△ＡＣＨ∽△ＡＧＦだから，ＣＨ：ＧＦ＝ＡＣ：ＡＧ 　ＣＨ：３＝１：(１＋２＋３) 　$ＣＨ=\dfrac{3}{6}=\dfrac{1}{2}$

したがって，△ＣＨＩと△ＥＪＦの相似比は，$ＣＨ：ＥＪ=\dfrac{1}{2}:\dfrac{3}{2}=１：３$だから，面積比は，$１^2：３^2＝１：９$

△ＣＨＩと△ＥＪＦの面積の和は，△ＣＨＩの面積の，１＋９＝10(倍)である。

ＨがＢＣの中点だから∠ＡＨＣ＝90°なので，△ＣＨＡと△ＣＨＩにおいて，直角三角形の斜辺と他の１辺がそれぞれ等しく，△ＣＨＡ≡△ＣＨＩ 　△ＣＨＡの面積は正三角形ＡＢＣの面積の$\dfrac{1}{2}$である。

△ＡＢＣ∽△ＣＤＥで相似比が１：２だから，面積比は$１^2：２^2＝１：４$なので，$△ＡＢＣ=\dfrac{1}{4}△ＣＤＥ=\dfrac{\sqrt{3}}{4}$

よって，$△ＣＨＩ=△ＣＨＡ=\dfrac{1}{2}△ＡＢＣ=\dfrac{1}{2}×\dfrac{\sqrt{3}}{4}=\dfrac{\sqrt{3}}{8}$だから，求める面積は，$\dfrac{\sqrt{3}}{8}×10=\dfrac{5\sqrt{3}}{4}$

5 (1) 【解き方】Ｐがえがく線は，右図の曲線である。

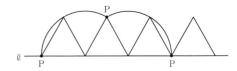

２つの曲線はどちらも，半径５cm，中心角180°－60°＝120°の

おうぎ形の弧だから，求める長さは，

$(２π×５×\dfrac{120}{360})×２=\dfrac{20}{3}π$(cm)

(2) 【解き方】Ｐがえがく線は，右図の曲線ａ，ｂ，ｃである。

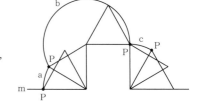

３つの曲線はいずれも半径５cmのおうぎ形の弧である。

中心角は，ａとｃが90°－60°＝30°，ｂが360°－90°－60°＝210°だから，

求める長さは，$２π×５×\dfrac{30+210+30}{360}=\dfrac{15}{2}π$(cm)

═《2024 国語 解説》════════════════════

1 問4 ②段落に「人々の暮らしが健康的で豊かになるということ」とあり、また「技術の発達による効能が経済的利得と結びつくことが求められます」とあるので、⑤が適する。

問5 文節とは、文を、意味のわかる範囲でくぎった場合の最も小さいひとくぎりのことば。切れ目には、ネ・サなどを入れることができる。１文節の中には自立語は１つしかない。また、文節の最初は必ず自立語が来る。傍線部Ｂを文節に分けると、「人間はₙ／パンのみにてₙ／生きるにₙ／あらず」となるので、②が適する。

問6 ③段落で、「文化」について、「これらが無くなっても私たちは生きていけるのですが、これらがない世界は精神的に貧しくて空しく感じられるでしょう」と述べている。また、空欄Ｘの直後に「基本的には個人の心を満たすためのかけがえのない」ものだとある。つまり、「文化」とは、無くても生きていけるものではあるが、心を満たしてくれる大事なものであり、無くなると精神的に貧しくて空しく感じられるというものである。よって、これと内容が近い⑤が適する。

問7 ⑥段落に、「文化は人々の支えによって維持できるもの」「文化が健全に育ち社会に生き続けるためには～蓄積と発展のための努力が個人及び社会の双方に求められる」「文化こそ社会に生きる人間的行為である」などとあ

る。また、「社会」は「集団」の一種である。よって、①が適する。

問8 ⑦段落に、「今はまだ何の役にも立たない純粋な基礎科学だけれど、そのうちに技術と結びついて～私たちの生活を豊かにするに違いない、と信じているのです」「今確実に役に立つようになるとは言えないけれど、過去を振り返ってみれば何度もそんなことがあったのだから、またいつの日かそうなるだろう」とある。つまり、「何の役にも立たない純粋な基礎科学」が「技術と結びついて」生活を豊かにしたという例が、これまでもいくつもあったから、傍線部Dのように考えているのである。よって、②が適する。

問9 問8の解説も参照。⑦段落に、「何の役にも立たない純粋な基礎科学」が「技術と結びついて」私たちの生活を豊かにしたという例が、これまでもいくつもあったと書かれている。その具体例が、⑧段落に書かれている量子力学と、⑨段落に書かれているDNAの研究であり、どちらも、基礎研究が人間の生活に大きな影響を与える成果へとつながったことが説明されている。よって、③が適する。

問10 傍線部Fの前に書かれている内容に着目する。「政府や産業界は大学に基礎研究をすっ飛ばして、直ちにイノベーションの種を提供するように」要求しているが、「最初からイノベーション狙いの研究は底が浅く、たいしたものはなかなか生まれ」ないとある。つまり、基礎研究の段階を飛ばしてしまうと、量子力学やDNAの研究で得られたような、人間の生活に大きな影響を与える成果を生みだしにくいのである。よって、③が適する。

問11 ⑫、⑬段落では、「最初は実験段階で企業化や商業化はとても無理だけれども、じっくり時間をかけて基礎的な実験を積み重ねて技術開発に繋げていく」という「役立ち方」を説明している。⑬段落で取り上げている「可視光用のCCD」の例は、「取りかかった時点では困難な技術であっても」慌てずに基礎研究をし、商品化につなげ、「世界のカメラ市場を制覇」することになったという例である。この例における「成功」とは、企業が行った基礎研究が最終的に商品化につながり、人間の生活を豊かにする商品として世界中の人々から求められるようになるということである。よって、④が適する。

問12 傍線部Hの「そのような科学者」とは、直前にあるように、「当面の効用が第一で科学・技術が直ちに役に立つことを追求するよりは、長い目で見て基礎的な研究からしっかり積み上げていく研究が重要である」という信念を持った科学者である。よって、①が適する。

問13 空欄Yには、少し前の「科学・技術を通常の企業活動と同じとみなし、投資を集中すれば成果が上がるとする考え」とは対照的な内容、つまり、「じっくり時間をかけて基礎的な実験を積み重ねて技術開発に繋げていく」というような考え方、姿勢が入る。また、「本当のイノベーションに結び」ついたのは、「何の役にも立たない純粋な基礎科学」や「取りかかった時点では困難な技術」に関する基礎研究であり、このことを受けて、⑮段落では、「当面の効用が第一で科学・技術が直ちに役に立つことを追求するよりは、長い目で見て基礎的な研究からしっかり積み上げていく研究が重要である」と述べている。よって、下線部と同様な内容の②が適する。

問14 ②～⑥段落で多用されるカギカッコの表記は、筆者が問題にしている話題や論点を読者に明確に示すため、あるいは重要なことばを強調するためのものである。よって、②が正解。

問15 本文は①段落で「科学研究の社会に対する役立ち方」という主題を示し、②段落で第一の役立ち方、③～⑥段落で第二の役立ち方、⑦～⑪段落で第三の役立ち方、⑫～⑭段落で第四の役立ち方について説明している。⑮段落と⑯段落では、それまでの内容を踏まえて筆者の意見を述べている。よって、③が適する。

2 **問1 a** 文脈上は、前の行の「父」が主語。この「父」とは「遣唐使」のことなので、①が適する。 **b** 文脈上は、2行前の「四つばかりなる児」が主語。これは、海に投げ入れられた「遣唐使の子」のことなので、④が適する。 **c** 文脈上は、前の行の「母」が主語。この「母」は「遣唐使の妻」のことなので、③が適する。

問2　直前に「母、遣唐使の来るごとに、『消息やある』と尋ぬれど、敢へて音もなし(母は、遣唐使が来るたびに、『手紙があるか』と尋ねたけれど、何の音沙汰もない)」とある。遣唐使の子の母は、手紙を送るという約束が果たされないことを大いに恨んだのである。よって、④が適する。

問3　文中に「こそ」があるので、係り結びの法則によって結びは已然形になる。よって、④の「けれ」が適する。

問4　直前の「さは我が子にこそ〜来たるなめり」より、唐に残してきた我が子に会えたことを喜ぶ気持ちが読み取れる。よって、④が適する。

問5　直後に「に助けられたりければ」とあるので、空欄Yには「遣唐使の子」を助けたものが入る。 2 段落に「魚の背中に乗れり」「かく魚に乗りて来たるなめり」とあるので、海を渡るのに魚の助けがあったことがわかる。また、空欄Yのあとにある「魚養」という名も、魚に助けられたことを示している。よって、②が適する。

問6　波線部Q「かなしく」は、「いとおしく思って」「かわいがって」という意味なので、③が正解。

問7　①は、 1 段落で、日本に帰る時、遣唐使が「この子、乳母離れんほどには迎へ取るべし」と約束したことに合致している。また、⑥は 3 段落の「さてこの子、大人になるままに手をめでたく書きけり」「七大寺の額どもは、これが書きたるなりけり」に合致している。よって、①と⑥が適する。②は「日常的によく行われていた」が、③は「遣唐使の従者が子どもを見つける」が、④は「遣唐使が〜もう死んだと決めつけていた」がそれぞれ誤り。⑤については、「その後に子どもを大切に育てて」の部分が 2 段落に書かれていること、「子どもに名前をつけた」のが誰なのかわからないことから、本文と合致しない。

問8　②は鎌倉時代に成立した『平家物語』の冒頭である。よって、②が適する。

《2024　理科　解説》

1　問3　〔電流(A)＝$\frac{電圧(V)}{抵抗(Ω)}$〕より，流れる電流は$\frac{5.0}{15}=\frac{1}{3}$(A)である。さらに，〔電力(W)＝電圧(V)×電流(A)〕，〔電力量(J)＝電力(W)×時間(s)〕より，電力量は$5.0×\frac{1}{3}×1.8=3.0$(J)である。

問4　AさんはCさんのすぐ近くにいるため，Cさんが鳴らしたピストルの音がAさんに届くまでの時間は考えなくてよいが，BさんはCさんから102m離れているため，Cさんがピストルを鳴らしてからBさんがピストルの音を聞く(ストップウォッチを押す)までに102÷340＝0.3(秒)かかる。つまり，AさんはBさんがストップウォッチを押した0.3秒前にスタートしているので，Aさんの正確なタイムは12.4＋0.3＝12.7(秒)である。

問5　①×…固体から気体への状態変化である。　②×…気体から固体への状態変化である。　③×…液体から気体への状態変化である。　④×…固体から液体への状態変化である。　⑤○…白いもやは湯気であり，水蒸気が空気中で冷やされて水滴になることで目に見えるようになったものだから，気体から液体への状態変化である。

問6　①×…塩化コバルト紙は水に反応して青色から赤色に変化するので，どちらも変化しない。　②○…白くにごった方が二酸化炭素である。　③○…大きくへこんだ方がアンモニアである。　④○…空気よりも質量が小さい方がアンモニア，大きい方が二酸化炭素である。　⑤○…特有の刺激臭がある方がアンモニアである。

問7　丸(顕性)としわ(潜性)をかけ合わせて丸としわが数の比1：1でできるのは，純系でない丸と(純系の)しわをかけ合わせたときである。つまり，種子を丸形にする遺伝子をA，しわ形にする遺伝子をaとすると，純系でない丸はAa，しわはaaであり，これらをかけ合わせてできる子の遺伝子の組み合わせと数の比は，Aa：aa＝1：1となる。Aaの自家受粉でできる孫の遺伝子の組み合わせと数の比は，AA：Aa：aa＝1：2：1だから，この孫の数の合計を1＋2＋1＝4とすると，aaの自家受粉でできる孫(すべてaa)の数の合計も4である。よって，AA：Aa：aa＝1：2：(1＋4)＝1：2：5となり，丸：しわ＝(1＋2)：5＝3：5となる。

問8　アミノ酸の分解によって生じた有害なアンモニアは，肝臓で無害な尿素に変えられ，じん臓でこしとられて尿となり，体外に排出される。

問9　主要動はS波による大きなゆれである。表のAとBの震源からの距離とS波の到達時刻の差を利用すると，S波は60kmを10秒で伝わることがわかるから，その速さは$\frac{60}{10}=6$（km/s）である。よって，震源からの距離が108kmの地点では，地震発生から$108÷6=18$（秒後）にS波が到達する（主要動が始まる）ことになるので，緊急地震速報を受信してから$18-15=3$（秒後）である。

問10　へこませた状態から元に戻すので，ペットボトル内の気体は引きのばされる（膨張する）ことになり，気圧は低くなる。温度が露点より低くなると，水蒸気が水滴に変化して中がくもる。

2　問1　〔圧力(Pa)＝$\frac{力(N)}{面積(m^2)}$〕より，圧力は力が等しければ面積に反比例する。AとBの重さは5.0Nで等しく，Aの底面積はBの$2×2=4$（倍）だから，机がAから受ける圧力はBの$\frac{1}{4}=0.25$（倍）である。

問2　実験2で，Aが半分の高さまで水に沈んだ状態で浮いたから，このときAにはたらく重力と浮力がそれぞれ5.0Nで等しくなっている。物体にはたらく浮力は，物体の水中部分の体積に比例するので，実験3で，底面積がAの$\frac{1}{4}$倍のBを半分の高さまで水に沈めたときにはたらく浮力は$5.0×\frac{1}{4}=1.25$（N）である。よって，ばねばかりは$5.0-1.25=3.75$（N）を示す。

問3　問2解説のとおり，物体にはたらく浮力は，物体の水中部分の体積に比例する。物体が直方体であれば，水中部分の体積は物体の底面から水面のまでの高さに比例するので，①が正答となる。ただし，物体の底面から水面のまでの高さが物体の高さと同じになったときに浮力は最大になり，物体の底面から水面のまでの高さがそれ以上大きくなっても浮力の大きさは変化しない。

問4　水深が深いところほど水圧は大きい。物体の下面にはたらく上向きの水圧は，物体の上面にはたらく下向きの水圧より大きいため，その差が浮力となる。

問5　図2において，Aが糸を引く力の大きさはAの重さと等しい5.0Nである。これに対し，Bが糸を引く力は，Bにはたらく重力の斜面に平行な分力と同じ大きさであり，この分力の大きさは斜面の角度にかかわらず，重力より必ず小さくなる。よって，Aが静止するのは，Aに浮力がはたらいてAが糸を引く力が少し小さくなったときである。実験2より，Aが半分の高さまで沈むとAが糸を引く力が0Nになるから，半分より少ない部分が沈んだところでAが糸を引く力とBが糸を引く力がつり合う。

3　問1　酸性の塩酸とアルカリ性の水酸化ナトリウム水溶液を混ぜ合わせると，互いの性質を打ち消し合う反応（中和）が起こり，塩化ナトリウムと水ができる〔$HCl+NaOH→NaCl+H_2O$〕。塩酸に水酸化ナトリウム水溶液を加えていくとき，塩酸中の水素イオンが，水酸化ナトリウム水溶液中の水酸化物イオンと結びつくことで減っていくが，それと同じ数のナトリウムイオンが増えていくので，水素イオンがなくなるまではイオンの総数は変化しない。水素イオンがなくなると，加えた水酸化ナトリウム水溶液中のナトリウムイオンと水酸化物イオンの数だけイオンの総数が増えていく。つまり，図1と2では，グラフの折れ曲がった点が塩酸と水酸化ナトリウム水溶液が過不足なく反応した点だと考えればよい。よって，図1より，X1.0cm³とY4.0cm³が過不足なく反応することがわかるから，1.0cm³の半分の0.5cm³のXと過不足なく反応するYは4.0cm³の半分の2.0cm³である。

問2　図1より，X1.0cm³と過不足なく反応するY′は1.0cm³であり，これはX1.0cm³と過不足なく反応するYの体積の$\frac{1}{4}$であることがわかる。よって，図2より，X′1.0cm³と過不足なく反応するYが2.0cm³であることから，X′1.0cm³と過不足なく反応するY′は$2.0×\frac{1}{4}=0.5$（cm³）だと考えられる。

問3　塩酸中には，塩化水素の電離によって水素イオンと塩化物イオンが存在する〔$HCl→H^++Cl^-$〕。水素イオン

が酸性を示すイオンであり，青色リトマス紙を赤色に変化させる。よって，電圧を加えると，陽イオンである水素イオンが陰極側に移動するから，Bが赤色に変化する。

問4 問1より，X0.5cm³とY2.0cm³は過不足なく反応する。よって，糸に染み込ませた混合液は中性の塩化ナトリウム水溶液だから，リトマス紙の色はどれも変化しない。

問5 問2より，X′1cm³と過不足なく反応するY′は0.5cm³だから，混合液中にはY′が1.0−0.5＝0.5(cm³)余っている。水酸化ナトリウム水溶液中には，水酸化ナトリウムの電離によってナトリウムイオンと水酸化物イオンが存在する〔NaOH→Na⁺＋OH⁻〕。水酸化物イオンがアルカリ性を示すイオンであり，赤色リトマス紙を青色に変化させる。よって，電圧を加えると，陰イオンである水酸化物イオンが陽極側に移動するから，Cが青色に変化する。

4 **問1** ④×…Dを通るときにはデンプンが水に溶けやすいショ糖になっている。

問2 Yのインゲンマメは光が当たらないから光合成を行わず，呼吸だけを行った。よって，二酸化炭素の割合は3時間で0.625−0.400＝0.225(%)増えたから，1時間で呼吸により0.225÷3＝0.075(%)の二酸化炭素を放出したと考えられる。これに対し，Xのインゲンマメは光が当たるから光合成と呼吸の両方を行った。3時間での二酸化炭素の減少は0.400−0.250＝0.150(%)，1時間では0.150÷3＝0.050(%)であるが，呼吸によってYのインゲンマメと同様に1時間で0.075%の二酸化炭素を放出しているはずだから，1時間で光合成により0.050＋0.075＝0.125(%)の二酸化炭素をとりこんだと考えられる。

問3 生育に必要な最低温度をx℃とし，飼育温度が18℃と20℃のときについて，$(18−x)×80＝(20−x)×64$が成り立つと考えればよい。これを解くと，$x＝10$(℃)となる。なお，飼育温度が18℃と26℃のときや20℃と26℃のときについて同様に求めても，10℃になる。

問4 100%からその年での死亡率を引くと，生存率が求められる。1年後に生存しているのは100−99.7＝0.3(%)，2年後からは100−30＝70(%)ずつである。産卵数は1年あたり10000個だから，4年後に生存しているのは，10000×0.003×0.7×0.7×0.7＝10.29(匹)である。よって，④が最も近い。

問5 問4解説と同様に考えると，2年後に生存しているのは10000×0.003×0.7＝21(匹)，3年後に生存しているのは21×0.7＝14.7(匹)だから，ある年の生殖可能な2歳～4歳までの個体数は21＋14.7＋10.29＝45.99→46(匹)である。このうち，卵を産むことができる雌は23匹だから，1匹あたり1回の産卵で10000÷23＝434.7…(個)の卵を産めばよい。よって，③が最も近い。

══《2024　英語　解説》══

1　1　be proud of ～「～を誇りに思う」より，②が適当。

　　2　Why don't we ～?「(一緒に)～するのはどうですか?」は相手と一緒にすることを提案する表現。④が適当。

　　3　be named after ～「～にちなんで名づけられる」より，②が適当。

　　4　「メアリーは友達がほとんどいない。ジョン(　　)，いつもたくさんの友達と一緒にいる」より，話題を切り替える時に使える③As for「(一方)～と言えば」が適当。　・instead of ～「～のかわりに」　・according to ～「～によると」　・after all ～「結局～」　・even if ～「たとえ～だとしても」

　　5　「彼はアラン(　　)，他に2人の子どもがいる」より，①besides ～「～以外に」が適当。

　　6　「ＪＲ線に乗って名古屋に行き，そこで乗り換えてください」より，乗り換えるのは電車だから，⑤が適当。・change trains「電車を乗り換える」

　　7　「数年前，私はタクシードライバー(　　)働いていました」より，①as ～「～として」が適当。

8 provide＋人＋with＋もの「(人)に(もの)を提供する」より，①が適当。

9 「ここは図書館です。あなたは静かに（　　）」より，②must～「～しなければならない」が適当。

10 try on ～「～を試着する」より，②が適当。

2 11 I understand how great my uncle is. : 不足する語はない。how great のあとの語順に注意する。

12 Can you show me <u>how</u> to use this electronic device? :「(人)に(もの)を見せる／教える」＝show＋人＋もの

「～する方法」＝how to ～

13 I think it is important for her to protect endangered animals. : 不足する語はない。

「(人)にとって～するのは…だ」＝it is…for＋人＋to～

14 This music reminds me <u>of</u> my younger days. :「AにBを思い出させる」＝remind A of B

15 I asked her to help me <u>with</u> my homework. :「(人)に～するように頼む」＝ask＋人＋to ～

「(人)の(ものごと)を助ける」＝help＋人＋with＋ものごと

3 【本文の要約】参照。

【本文の要約】

問1　リンダは公園が大好きです。することがとてもたくさんあります。まず，彼女は空を見ます。犬のように見える雲があります。他の雲は羊のように見えます。その後，彼女はアヒルにえさをあげます。彼らはおなかがすいています。16③羊もおなかがすいています。リンダはパンを投げます。彼らはその食べ物を楽しみます。最後に，リンダは太陽を見ます。沈んでいきます。きれいです。

問2　世界には約7000の言語があります。英語は多くの人が使うので，最も重要な言語のひとつです。イギリス，アメリカ，オーストラリア，その他多くの場所で使用されています。約3億7300万人が母語として英語を話しています。約10億人が第二言語として使用しています。

　スペイン語はもうひとつの重要な言語です。スペインや南米のほとんどの国で，人々はスペイン語を話します。アメリカにはスペイン語を話せる人がたくさんいます。スペイン語はほとんどの学校で教えられている重要な言語です。17⑤アメリカでは，どの学校でも2か国語よりもたくさん勉強しなければなりません。

問3　人間は長い間，色の効果をわかっていました。昔の人は，病気の人の世話をするために色を使いました。人々はそれぞれの色には癒しの力があると信じていました。例えば，人は痛みを減らすために青を使用しました。今でも，色は人を健康にすることができると考える人がいます。18④黒猫を見ると縁起が悪いと思う人もいます。しかし，研究によると，色は人の気持ちを変えることしかできません。それらは病気を癒すことはできません。

4 【本文の要約】参照。

20 enjoy の後ろに動詞を重ねて使う時は動名詞にする。②が適当。

21 My mother usually gave <u>me</u> a big card with funny pictures on it. : 頻度を表す副詞の usually「たいてい」は一般動詞 gave の直前に入れる。　・give＋人＋もの「(人)に(もの)を与える」　・名詞＋with＋～「～のついた○○」

22 look forward to ～ing「～することを楽しみにする」より，②が適当。

23 準備に時間がかかるが，食べるのには時間がかからないという前後の内容から，③「しかし」が適当。

24 「ナオミの父はいつクリスマスツリーを買いましたか？」…第1段落1～3行目より，②「クリスマスの約3～5週間前です」が適当。①「クリスマスの1週間前です」，③「12月17日です」，④「クリスマスの朝です」，⑤「クリスマスの一定期間前です」は不適当。

25　「なぜナオミは祖父母からカードをもらって喜んだのですか？」…⑤「一緒にお金ももらったからです」が適当。①「それは常に大きなカードだったからです」，②「素敵なカードをくれたからです」，③「なぜなら，いつもおもしろい絵がたくさん描いてあったからです」，④「お金がたくさん必要だったからです」は不適当。

【本文の要約】

　私の名前はナオミです。私は子どもの頃，クリスマスが大好きでした。24②クリスマスの数週間前，私たちはその重要な日の準備を始めました。まず，父が大きなクリスマスツリーを買ってきて，窓[あ]の前に（＝in front of）置きました。私たちは一日中ツリーの飾り付けをして過ごしました。私たちはキャンディをツリー[い]に（＝on）付け，兄は大きな金の星をツリー[う]のてっぺんに（＝at the top of）付けました。また，クリスマスカードを[（ア）②作って楽しみました（＝enjoyed making）]。母はたいてい，おもしろい絵が描かれた大きなカードを私にくれました。また，[私は祖父母からカード[（ウ）②をもらうのを楽しみにしていました（＝looked forward to getting）]。25⑤なぜなら，いつもお金と一緒にもらったからです！

　[え]クリスマスの前夜（＝On the night before Christmas），私は部屋の壁[お]に（＝on）大きな靴下を付けました。それからベッドに入りました。朝になると，靴下の中は小さなプレゼントでいっぱいでした。クリスマスツリーの下にはもっとたくさんのプレゼントがありました。本当に楽しかったです！テーブルはおいしい食べ物でいっぱいでした。準備にはかなり時間がかかりました。[（エ）③しかし（＝However）]，私と兄がそれを食べるのには時間がかかりませんでした！私たちはいつもクリスマスをとても楽しみました。

5　【本文の要約】参照。

26　一緒に絵を描こうと誘われたボブがチラシを見ながら難しいと言っているので，チラシの RULES FOR JOINING THE CONTEST「コンテストに参加するためのルール」の中の禁止事項である③「コンピュータを使うことができない」が適当。

27　チラシの RULES FOR JOINING THE CONTEST の5つ目の●「あなたは10月31日までに絵を送らなければならない」より，①「10月31に自分たちの絵を送る」が適当。

29　ボブの1回目とアリスの2回目の発言より，②「アリスとボブは，お気に入りの本の主人公，マジカル・マイケルのファンです」が適当。①「アリスとボブは，授業でマジカル・マイケルの本を読みたい生徒です」，③「アリスとボブは，マジカル・マイケルの本を販売する出版社に行く計画を立てています」，④「アリスとボブはどちらがうまく描けるかを確かめたがっているクラスメートです」，⑤「アリスとボブは，いつも本に関するコンテストに参加している子どもたちです」は不適当。

30・31　①○「アリスとボブは一緒にコンテストに参加することにしました」　②○「ボブはバックパックを背負ったマジカル・マイケルを描きたいと思っています」　③○「アリスは地図とコンパスを持ったマジカル・マイケルを描こうとしています」　④×「彼らはコンテストに勝つことを確信しています」…本文にない内容。⑤○「彼らはコンテストを楽しむことが大切だと考えています」　⑥×「ボブはマジカル・マイケルの性格が好きなので，マジカル・マイケルが好きです」…本文にない内容。　⑦○「彼らはシカゴの会社に絵を送ります」…チラシの一番下より正しい。

【本文の要約】

アリス：ねえ，ボブ，これをもう見た？新しいマジカル・マイケルの本のブックカバーデザインコンテストがあるよ！

ボブ　：29②へえ，本当に？僕はマジカル・マイケルが大好きだよ！

アリス：29②私も！彼はいつもすごい冒険をして，難しいパズルを解読するよね。コンテストに参加しない？一緒に描

ける絵があるかもしれないよ。28(ぁ)①そして，もしかしたら本の表紙に自分たちの絵が使われているのを見る

チャンスがあるかもしれないよ！

ボブ　：うーん。どうかな。ルールには(A)③コンピュータを使うことはできないって書いてあるよ。難しすぎるよ。

アリス：頼むよ。それほど難しくはないわ。あなたは絵が上手よ。あなたならできるわ！

ボブ　：うーん，できるかもしれないけど。でも僕は何を描けばいいの？選択肢がとてもたくさんあるよ。

アリス：マジカル・マイケルについてあなたが好きなところを表現したらどう？彼の個性やスキルや友人のように。

ボブ　：それはいい考えだ。30・31②僕はバックパックを背負ってペットの犬と一緒にいる彼を描こうかな。

アリス：それはいいわね！そして，30・31③私は地図とコンパスを持っている彼を描くよ。

ボブ　：かっこいいね！そうしよう。(B)①10月31に自分たちの絵を送るまでに時間は十分あるよ。選ばれるチャンス

は あると思う？

アリス：わからないわ。30・31⑤でも，楽しむことが大切よ。

ボブ　：30・31⑤うん，それはすばらしいことだね！30・31①じゃあ，絵を描きに行こう！

アリス：30・31①ＯＫ，行こう！

6　【本文の要約】参照。

32　スタンは別の名前を名乗ってお金を集めていたので，刑務所の外にいたと考えられる。③が適当。

　　・be out of ～「～の外に」

33　スタンはものやお金を盗んだり，お金を持ち逃げしたりしたが，人を傷つけるようなことはしていない。よっ

　　て，②「誰かを傷つける」が適当。

34　直前の内容から，ワックスラー教授の質問に答えたいが，答えることが怖いスタンの様子が読み取れる。また，

　　直後にワックスラー教授から直接質問され，ハッピーエンドが気に入らないと答えたことから，①「彼は他の男性

　　に自分の言うことを聞いてほしくありませんでした」が適当。②「彼は自分の声が好きではなかったので，話した

　　くありませんでした」，③「彼は不幸な話が好きではありませんでした」，④「彼は教授の意見に反対で，話したく

　　ありませんでした」，⑤「彼は話に退屈していて，時間を無駄にしたくはありませんでした」は不適当。

35　男性たちは前回の授業で意見を言い合っており，直後に，今回は男性たちが人生についてもたくさん話したこ

　　とが書かれているので，今回は言いたいことがたくさんあったと考えられる。④が適当。

36　直後の段落でスタンが夜間授業を受けていることから，刑務所に行くことよりも授業を受けることを選択した

　　と考えられる。③「彼は別の授業を受けたかったのです」が適当。

37　最終段落では，見事に更生したスタンのことが書かれている。thanks to ～「～のおかげで」より，⑤が適当。

【本文の要約】

本を読むか－それとも刑務所に入るか！

　スタン・ローゼンはマサチューセッツ州のニューベッドフォードに住んでいました。彼は人々から車や自転車を盗ん

で，転売していました。そのようにして彼は生計を立てていました。ある日，警察は彼を逮捕し，刑務所に送りました。

　翌年，スタンは刑務所(A)③の外にいました(＝was out of)。彼は数人に自分の名前がジムだと言いました。彼はビジ

ネスを始めるために彼らからお金をもらいました。その後，彼はお金を持ち逃げしました。数か月後，警察は再び彼を

逮捕し，刑務所に送りました。

　その翌年，スタンは再び家に帰ってきました。彼には仕事もお金もありませんでした。ある夜，彼は店からお金を盗

みました。またしても，警察は彼を捕まえました。しかし今度は，警察は彼をケイン裁判官のところに送りました。

ケイン裁判官はスタンに「また刑務所に行きたいですか？それとも本を読みたいですか？」と尋ねました？

スタンは理解できませんでした。

「今度はあなたが決めていいですよ」と裁判官は言いました。「ニューベッドフォード高校に新しいコースがあります。あなたのような人のためにあります。あなたは 27 歳です。あなたは学校を卒業したことがありません。あなたは仕事がありません。あなたは物を盗みます。しかし，決して(B)②誰かを傷つけた（＝hurt anyone）ことはありません。ですから，あなたはコースを受講し，ワックスラー教授と一緒に本を読むことができます。刑務所に行ってもらってもいいですが」

スタンはあまり本を読みませんでした。彼は読書が好きではありませんでした！しかし，彼は二度と刑務所には行きたくありませんでした。そこで彼は，ワックスラー教授の授業で本を読むことにしました。「すべての授業に行かなければなりません。そして，あなたはすべての本を読まなければなりません」と裁判官は言いました。

スタンは最初の授業に行きました。クラスには 10 人の男性がいました。すべての人はケイン裁判官によって送られてきました。最初の授業で，彼らは短い物語を読みました。

ワックスラー教授は「それについてどう思いますか？」と尋ねました。男性たちは何も言いませんでした。彼らは何と言えばいいのかわかりませんでした。スタンはその質問に答えたかったのですが，話すのを怖がっていました。(c)①彼は他の人に自分が言うことを聞いてほしくなかったのです（＝He didn't want the other men to hear him）。

「その話は気に入りましたか？」とワックスラー教授は彼に尋ねました。

「いいえ」とスタンは言いました。

「なぜですか？」とワックスラー教授は尋ねました。

「ハッピーエンドだったけど，人生はそんなに幸せなものじゃない」とスタンは言いました。

「それは違う」と別の男性が言いました。「人生は，時に一部の人にとっては幸せなものだ」

その後，他の男性たちが物語や人生について話し始めました。彼らは 2 時間話しました。ワックスラー教授は彼らに次の授業のために本を読んでくるように言いました。それは多くの問題を抱えた若い男性についての本でした。

次の授業で，ワックスラー教授はもう一度「どう思いますか？」と尋ねました。

今度は，男性たちは答えることを恐れていませんでした。(D)④彼らは本について言いたいことがたくさんありました。（＝They had many things to say about the book）そして彼らは自分たちの人生について多くのことを話しました。彼らの多くは，たくさんの問題を抱えて困難な生活を送っていました。

12 週間，スタンは本を読み，それらについて話しました。その後，彼は再び決断しなければなりませんでした。授業に行くか，刑務所に行くか。今度は，彼は即決しました。(E)③彼は別の授業を受けたかったのです（＝He wanted to take another class）。

その後，スタンは高校で夜間授業を受けました。ケイン裁判官の助けもあり，彼は昼間の仕事を見つけました。翌年，彼は大学で夜間授業を受け始めました。今やスタンは立派な学生で，警察の世話になるような問題はありません。それはケイン裁判官とワックスラー教授，そして数冊の本(F)⑤のおかげでした（＝was thanks to）。

═《2024　社会　解説》═

1　問1　②　アメリカ合衆国の人口が約 3.4 億人であること，2023 年にインドの人口が中国の人口を抜いて世界一になったことは覚えておきたい。

　　問2　④　①誤り。自動車産業の中心地はピッツバーグではなくデトロイトである。ピッツバーグは鉄鋼の中心地であった。②誤り。五大湖周辺の工業の衰退は，中国やソ連ではなく，日本やヨーロッパとの競争に敗れたこと

などが原因である。③誤り。北緯37度以南の地域は，太平洋ベルトではなくサンベルトと呼ばれる。⑤誤り。アメリカ合衆国は貿易に関してUSMCA(アメリカ・メキシコ・カナダ)協定を結んでいる。また，アメリカ合衆国では工場の国外移転はあまり行われず，低賃金の労働の多くは，移民であるヒスパニックが担っている。

問3　④　　①はインドやスリランカ，②はニュージーランド，③はマダガスカル，④はマレーシアやインドネシア，⑤はアメリカ合衆国南部のフロリダ半島やキューバ。

問4　③　　米・小麦の生産量は中国が多いが，人口が多いために国内消費量が多く，輸出量は少なくなる。

問5　①　　道路から外側に向かって延びる伐採の跡が魚の骨のように見えるため，「フィッシュボーン」と呼ばれる。

問6　③　　三大都市圏と福岡県に共通することから平均年齢と判断する。①誤り。第三次産業就業者の割合であれば沖縄県や東京都などが高く，割合は80%以上になる。②誤り。在留外国人数であれば三大都市圏が多くなる。④誤り。農業生産額であれば北海道や鹿児島県が多くなる。⑤誤り。合計特殊出生率であれば東京都が低くなる。

問7　④　　①誤り。相生橋に通っている線路はJRではない
(右図参照)。　②誤り。地形図1の広島城跡の西側に中央公園
はない。③誤り。東西に走る平和大通には針葉樹(⋀)ではなく

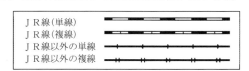

JR線(単線)
JR線(複線)
JR線以外の単線
JR線以外の複線

広葉樹(Q)が植えられている。⑤誤り。地形図2で県庁がある場所は，地形図1では荒れ地(ⅲ)になっている。

2　問1　②　　Xはチグリス川・ユーフラテス川流域で発達したメソポタミア文明，Yはナイル川流域で発達したエジプト文明である。cのインダス川流域はインダス文明，dの黄河・長江流域は中国文明が発達した。

問2　④　　①誤り。仏教はシャカがインドで開いた。②誤り。孔子は中国で，思いやりの心(仁)を重視する儒教を始めた。③誤り。オリエントのパレスチナ地方で，ユダヤ人は唯一の神ヤハウェを信仰するユダヤ教を始めた。⑤誤り。ムハンマドは唯一の神アラーのお告げを受けたとして，一神教であるイスラム教を始めた。

問3　④　　A．誤り。旧石器時代の記述。縄文時代になると大陸と切り離され，大型動物にかわってシカやイノシシなどの素早い動物が増えていった。C．誤り。弥生時代の記述。縄文時代にはまだ貧富の差や身分の差はほとんどなく，王は存在しなかった。

問4　③　　①は飛鳥時代，②は平安時代中頃，④は平安時代初頭，⑤は鎌倉時代初頭のできごと。

問5　⑤　　身軽な姿で集団戦法に適した足軽は，時には放火や盗みなどの悪事もはたらいた。①は笠懸をする武士，②は建築現場で働く人たち，③は馬借，④は僧兵。

問6　⑤　　コロンブスは，大西洋を西に進んで新大陸を発見した。

問7　③　　B(徳川吉宗・享保の改革)→A(田沼意次の政治)→C(松平定信・寛政の改革)→D(水野忠邦・天保の改革)

問8　①　　イギリスでは茶を飲む習慣が広まり，中国から大量の茶を輸入したことで代金の銀が不足した。そこで，インドでつくらせたアヘンを中国に密輸して，銀を手に入れた。銀の不足とアヘンの害が深刻になった清がアヘンを厳しく取り締まると，イギリスは清とアヘン戦争を始めた。

問9　⑤　　①誤り。岩倉使節団が派遣されたのは，西南戦争(1877年)より前の1871年のことである。②誤り。欧化政策を行ったのは井上馨である。③誤り。領事裁判権を撤廃するかわりに裁判官に外国人を採用することで条約改正をとりつけようとしたのは井上馨や大隈重信である。陸奥宗光は領事裁判権の撤廃に成功している。④誤り。イギリスが領事裁判権の撤廃に応じて日英通商航海条約に調印したのは，日清戦争が始まる前である。

問10　④　　D(1914年)→A(1919年)→C(1941年)→B(1945年)

問11　①　　東西ドイツの統一は1990年，第四次中東戦争は1973年，アジア・アフリカ会議は1955年，アメリ

カ同時多発テロは 2001 年。

3 問1 ①　②誤り。均衡価格は需要と供給のバランスで形成されるもので，独占禁止法の規定に基づくものではない。③誤り。1 ドル＝90 円から 1 ドル＝100 円になった場合，この状態を円安という。④誤り。円高の場合は一般的に，日本から外国への輸出はしにくくなる。⑤誤り。水道やガス，電気などの公共料金は，地方公共団体や事業者によって異なる。

問2 ①　②誤り。有罪の場合は裁判官と裁判員でどのような刑罰にするかを決定する。③誤り。裁判員裁判では必ず公判前整理手続が行われる。④誤り。裁判員はくじで 6 名が選ばれ，立候補はできない。⑤誤り。裁判員になることの辞退は，健康上の理由以外に，70 歳以上の人，親族や同居人の養育・介護などを理由としても認められている。

問3 ③　①誤り。自由権は個人のさまざまな自由を求める権利である。②誤り。令状を発行するのは裁判官である。④誤り。生存権は日本国憲法第 25 条に定められている。⑤誤り。国政選挙は日本国民だけに選挙権がある。

問4 ③　①誤り。内閣総理大臣は国会議員の中から指名され，参議院議員でもよい。②誤り。内閣総理大臣の指名において，衆議院と参議院が異なる指名を行った場合，必ず両院協議会が開かれる。④誤り。衆議院で内閣不信任の決議が可決されると，10 日以内に衆議院の解散を行うか，総辞職する必要がある。⑤誤り。条約の承認は国会が行う。

問5 ④　A．誤り。憲法改正原案を国会に提出するには，衆議院 100 名以上，参議院 50 名以上の議員の賛成を必要とする。C．誤り。憲法改正の国民投票においては，有効投票の過半数の賛成があれば，国民の承認があったものとする。D．誤り。憲法の改正案が国民に承認されると，天皇が国民の名において公布する。

問6 ③　①誤り。2009 年に設置されたのは消費者庁である。②誤り。クーリング・オフ制度は，店舗販売ではなく訪問販売や電話勧誘販売に適用される制度である。④誤り。消費者保護基本法が大幅に改正されて消費者基本法となった。⑤誤り。マルチ商法ではなくネガティブ・オプション（送り付け商法）と呼ばれる。

問7 ①　不景気のときは世の中の通貨を増やすために買いオペレーションを行い，好景気のときは世の中の通貨を減らすために売りオペレーションを行う。日本銀行の行う景気対策を金融政策という。

4 問1 ①　オランダ領東インドは蘭印と呼ばれた。②誤り。台湾総督府は，日清戦争の下関条約で台湾が日本領となったときに設置された。③誤り。ニュージーランドはオセアニア州に属する。④誤り。オーストラリアは南半球にあるので 8 月は冬にあたり，気温は低い。⑤誤り。4 つの国・地域のうち，ＯＰＥＣ（石油輸出国機構）に加盟している国はない。

問2 ④　選挙権年齢を 20 歳以上に定めたのは 1945 年であり，ポツダム宣言を受諾した日本が連合国に占領された年でもある。①は 1925 年，②は 1920 年，③は 1918 年，⑤は 1952 年。

問3 ⑤　①誤り。台湾の被選挙権年齢（23 歳）は，日本の被選挙権年齢（衆議院 25 歳・参議院 30 歳）と異なる。②誤り。資料3より，はじめて 10 歳代も加わった衆議院議員総選挙で投票率の差が最大になったのは，20 歳代と 60 歳代の間である。③誤り。資料4より，2005 年，2009 年の投票率は前回の投票率を上回っている。④誤り。資料2に「日本が選挙権年齢を二〇歳に定めた当時…，むしろ日本の選挙権年齢は若い部類に入っていました。ところが今や一八歳選挙権は世界の趨勢で，一九一の国と地域のうち九二％が一八歳の選挙権を導入しています。」とある。

名 城 大 学 附 属 高 等 学 校

《数 学》

1　ア. ⑧　イ. ①　ウ. ①　エ. ⑥　オ. ⊖　カ. ⑤　キ. ③　ク. ②　ケ. ⑦　コ. ⑤
　　サ. ②　シ. ④　ス. ①　セ. ⓪　ソ. ⑧　タ. ②　チ. ⑤　ツ. ②

2　ア. ①　イ. ②　ウ. ⊖　エ. ①　オ. ⑥　カ. ②　キ. ⑦　ク. ⑧

3　ア. ①　イ. ⑨　ウ. ⑤　エ. ①　オ. ⑧

4　ア. ③　イ. ①　ウ. ⑤　エ. ⑨

5　ア. ⑤　イ. ②　ウ. ⑤　エ. ④　オ. ⑧　カ. ⑤　キ. ③

《国 語》

1　1. ⑤　2. ③　3. ④　4. ①　5. ①　6. ③　7. ⑤　8. ①　9. ④　10. ①
　　11. ⑤　12. ③　13. ③　14. ①　15. ①　16. ⑤　17. ④　18. ⑤　19. ④　20. ①
　　21. ②　22. ④

2　23. ⑤　24. ④　25. ④　26. ④　27. ⑤　28. ②　29. ⑤　30. ⑤　31. ③　32. ①
　　33. ③　34. ①

《理 科》

1　1. ⑤　2. ②　3. ⑤　4. ②　5. ⑤　6. ④　7. ⑤　8. ④　9. ③　10. ③

2　11. ④　12. ③　13. ④　14. ③　15. ②

3　16. ①　17. ①　18. ③　19. ②　20. ③

4　21. ①　22. ④　23. ④　24. ①　25. ③

《英 語》

1　1. ①　2. ⑤　3. ②　4. ①　5. ④　6. ③　7. ⑤　8. ③　9. ④　10. ①

2　11. ④　12. ②　13. ①　14. ⑤　15. ①　16. ①

3　17. ③　18. ③　19. ④　20. ②　21. ⑤

4　22. ④　23. ①　24. ③　25. ④　26. ①　27. ④

5　28. ①　29. ⑤　30. ②　31. ③　32. ②　33. ④　(32 と 33 は順不同)

《社 会》

1　1. ②　2. ②　3. ①　4. ⑤　5. ③　6. ④　7. ④

2　8. ②　9. ⑤　10. ③　11. ①　12. ①　13. ①　14. ①　15. ③　16. ①　17. ⑤
　　18. ④

3　19. ②　20. ⑤　21. ④　22. ②　23. ④　24. ①　25. ③

4　26. ④　27. ⑤　28. ①

《2023　数学　解説》

1 (1) 与式＝$(-6) \times 9 \times \dfrac{3}{4} \div (-8) = -\dfrac{81}{2} \times \left(-\dfrac{1}{8}\right) = \dfrac{81}{16}$

(2) 与式＝$\dfrac{5\sqrt{3}}{2} + 2\sqrt{3} - 9\sqrt{3} - \dfrac{\sqrt{3}}{2} = -7\sqrt{3} + \dfrac{4\sqrt{3}}{2} = -7\sqrt{3} + 2\sqrt{3} = -5\sqrt{3}$

(3) 【解き方】計算を簡単にするために，$(x-3)^2$の形を含んだ式にすることを考える。

与式＝$2(x^2-6x)+5 = 2(x^2-6x+9-9)+5 = 2\{(x-3)^2-9\}+5 = 2(x-3)^2-18+5 = 2(x-3)^2-13$

ここで，$x = 3 - 2\sqrt{5}$を代入すると，$2(3-2\sqrt{5}-3)^2-13 = 2 \times 20 - 13 = 40 - 13 = 27$

(4) 【解き方】一の位の数をxとおくと，百の位の数は$9-x$となる。

この自然数は$(9-x) \times 100 + 20 + x$と表せるから，百の位と一の位の数を入れかえた数は，$x \times 100 + 20 + (9-x)$
となる。よって，$(9-x) \times 100 + 20 + x - 99 = x \times 100 + 20 + (9-x)$　　これを解いて，$x = 4$より，一の位が
4，百の位が$9 - 4 = 5$である。よって，この自然数は524である。

(5) 【解き方】円周角の大きさと弧の長さは比例することを利用する。

右図の△OBCにおいて，$\overset{\frown}{BC}$の長さは円Oの円周の$\dfrac{1}{5}$だから，
$\angle BOC = 360° \times \dfrac{1}{5} = 72°$

よって，$\angle CAB = \dfrac{1}{2}\angle BOC = 36°$，また，$\overset{\frown}{AD} = 2\overset{\frown}{BC}$であり，
円周角の大きさは，その円周角に対する弧の長さに比例するから，
$\angle ABD = 2\angle CAB = 2 \times 36° = 72°$である。

三角形の1つの外角は，これととなり合わない2つの内角の和に等しいから，$\angle APD = 36° + 72° = 108°$である。

(6) 【解き方】右図のように記号をおく。ED＋BFの長さをa，bの式で表す。

△ABD∽△PEDであり，△ABDの3辺の比は，$6:8:10 = 3:4:5$
だから，$PD:ED = 4:5$である。したがって，$ED = \dfrac{5}{4}b$
同様に，△CDB∽△PFBだから，$BF = \dfrac{5}{4}a$
よって，$ED + BF = \dfrac{5}{4}a + \dfrac{5}{4}b = \dfrac{5}{4}(a+b) = \dfrac{5}{4} \times 10 = \dfrac{25}{2}$(cm)

2 (1) Eは直線$y = 2x$上の点だから，Eのy座標は$2 \times \left(-\dfrac{1}{2}\right) = -1$である。

Eは双曲線$y = \dfrac{b}{x}$上の点でもあるから，双曲線の式にEの座標を代入して，$-1 = b \div \left(-\dfrac{1}{2}\right)$より$b = \dfrac{1}{2}$となる。

(2) 【解き方】右の「座標平面上の三角形の面積の求め
方」を利用する。ABの直線の傾きから切片を求める。

直線ABとy軸の交点をFとすると，△OABの面積について，
$\dfrac{1}{2} \times OF \times (A と B の x 座標の差) = \dfrac{5}{2}$
$\dfrac{1}{2} \times OF \times \{3-(-2)\} = \dfrac{5}{2}$　　$OF = 1$

Fのy座標は負だから，F$(0, -1)$である。

Aは放物線$y = ax^2$上の点だから，Aのy座標は，
$a \times (-2)^2 = 4a$よりA$(-2, 4a)$

Bも放物線$y = ax^2$上の点だから，Bのy座標は，
$a \times 3^2 = 9a$よりB$(3, 9a)$

直線ABの傾きは，$\dfrac{(y の増加量)}{(x の増加量)} = \dfrac{9a-4a}{3-(-2)} = a$となる。

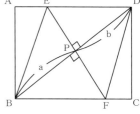

座標平面上の三角形の面積の求め方
下図において，△OPQ＝△OPR＋△OQR＝
△OMR＋△ONR＝△MNRだから，
△OPQの面積は以下の式で求められる。

$$\triangle OPQ = \dfrac{1}{2} \times OR \times (P と Q の x 座標の差)$$

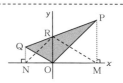

よって，直線ＢＦの傾きについて，$\dfrac{9a-(-1)}{3-0}=a$　　これを解くと$a=-\dfrac{1}{6}$となり，これは$a<0$に合う。

⑶　【解き方】ＢＣ：ＣＤ＝（ＢとＣのy座標の差）：（ＣとＤのy座標の差）である。

Ａが①，②上の点であることを利用し，aとbの関係式をつくる。

Ｂ，Ｃ，Ｄのx座標は等しく3だから，Ｃ（3，0），Ｄ$\left(3，\dfrac{b}{3}\right)$である。

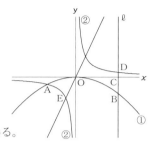

よって，ＢＣ＝$0-9a=-9a$，ＣＤ$=\dfrac{b}{3}-0=\dfrac{b}{3}$

ここで，Ａは①，②のグラフ上の点だから，Ａのy座標は$4a$，$-\dfrac{b}{2}$と2通り

に表せるので，$4a=-\dfrac{b}{2}$より$b=-8a$となる。

したがって，ＣＤ$=-\dfrac{8}{3}a$となるから，ＢＣ：ＣＤ$=-9a：-\dfrac{8}{3}a=27：8$である。

3　⑴　【解き方】△ＯＰＱができないのはＰ，Ｑが同じ頂点に移動する場合である。

さいころの目によって，ＰはＨ，Ｇ，Ｆ，Ｅ，Ｄ，Ｃのいずれか，ＱはＡ，Ｂ，Ｃ，Ｄ，Ｅ，Ｆのいずれかの頂点にそれぞれ移動する。よって，ＰとＱが重なる可能性のある頂点はＣ，Ｄ，Ｅ，Ｆの4つであり，頂点1つに対して1通りのさいころの目の出方が対応する。よって，同じ頂点に移動する場合の数は4通りである。

2つのさいころを同時に投げたときの目の出方は$6\times6=36$(通り)あるから，求める確率は，$\dfrac{4}{36}=\dfrac{1}{9}$である。

⑵　【解き方】①ＯＰ＝ＯＱになる場合と，②ＰＯ＝ＰＱまたはＱＯ＝ＱＰになる場合を分けて考える。

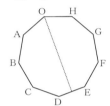

①のとき，Ｐ，Ｑは右図のようなＯとＤＥの中点を通る直線について対称な位置にある。このようになるのは2つのさいころが同じ目のときだから，出方は6通りある。

②について，ＰＯ＝ＰＱになる場合を考えると，（Ｐ，Ｑ）＝（Ｇ，Ｅ）（Ｆ，Ｃ）（Ｅ，Ａ）（Ｃ，Ｆ）の4通りある。このうち，（Ｐ，Ｑ）＝（Ｆ，Ｃ）（Ｃ，Ｆ）は△ＯＰＱが正三角形になるときであり，①ですでに数えている。したがって，△ＯＰＱが正三角形にならず，ＰＯ＝ＰＱの二等辺三角形となる出方は2通りある。図の対称性より，△ＯＰＱが正三角形にならず，ＱＯ＝ＱＰとなる場合も2通りある。

以上より，△ＯＰＱが二等辺三角形となる出方は$6+2+2=10$(通り)あるから，求める確率は，$\dfrac{10}{36}=\dfrac{5}{18}$である。

4　⑴　Ⓐ　△ＡＢＧにおいて，ＦはＡＧの中点，ＥはＡＢの3等分点の1つだから，ＢＧとＥＦは平行ではない。

Ⓑ　△ＦＡＤ，△ＧＡＥ，△ＣＡＢは相似な三角形であり，相似比はＡＤ：ＡＥ：ＡＢ＝1：2：3である。

よって，ＤＦ：ＥＧ：ＢＣ＝1：2：3だから，（ＤＦ＋ＥＧ）：ＢＣ＝（1＋2）：3＝1：1となり，正しい。

⑵　【解き方】△ＡＥＧ＝Ｓとおき，高さが等しい三角形の面積比は底辺の長さの比に等しいことを利用して，Ｓを用いて図形の面積を表していく。Ⓓでは，Ⓒで求めたことを利用して解く。

Ⓒ　△ＡＥＦ：△ＡＥＧ＝ＡＦ：ＡＧ＝1：2だから，△ＡＥＦ$=\dfrac{1}{2}$△ＡＥＧ$=\dfrac{1}{2}$Ｓ

△ＡＥＧ：△ＢＥＧ＝ＡＥ：ＥＢ＝2：1だから，△ＢＥＧ$=\dfrac{1}{2}$△ＡＥＧ$=\dfrac{1}{2}$Ｓ　　よって，△ＡＥＦ＝△ＢＥＧ

Ⓓ　（四角形ＡＤＨＦの面積）＝△ＡＥＦ－△ＥＤＨ　　また，△ＥＧＨ＝△ＥＤＧ－△ＥＤＨである。

△ＥＤＧ＝△ＢＥＧ，△ＡＥＦ＝△ＢＥＧだから，△ＥＤＧ＝△ＡＥＦより，△ＥＧＨ＝△ＡＥＦ－△ＥＤＨ＝（四角形ＡＤＨＦの面積）となる。

⑶　【解き方】ＧＥ／／ＣＢより，△ＧＥＩ∽△ＢＣＩとなることに注目する。

△ＧＥＩと△ＢＣＩの相似比はＧＥ：ＢＣ＝2：3だから，ＧＩ：ＢＩ＝ＥＩ：ＣＩ＝2：3である。

⑵より，△ＢＥＧ$=\dfrac{1}{2}$Ｓだから，△ＢＣＩ＝△ＢＥＧ$\times\dfrac{ＢＩ}{ＢＧ}\times\dfrac{ＣＩ}{ＥＩ}=\dfrac{1}{2}$Ｓ$\times\dfrac{3}{2+3}\times\dfrac{3}{2}=\dfrac{9}{20}$Ｓとなる。

また，△ＡＥＦ$=\dfrac{1}{2}$Ｓだから，△ＡＤＦ＝△ＡＥＦ$\times\dfrac{ＡＤ}{ＡＥ}=\dfrac{1}{2}$Ｓ$\times\dfrac{1}{2}=\dfrac{1}{4}$Ｓとなる。

したがって，求める面積比は，$\dfrac{1}{4}$Ｓ：$\dfrac{9}{20}$Ｓ＝5：9である。

5 ⑴ **【解き方】**ロボットSの進む速さから，2台のロボットがA地点で折り返し，C地点に到達した時刻を求める。

C地点はA地点から32m離れているから，$y=2x^2$の式に$y=32$を代入して方程式を解くと，$x=\pm4$となる。

よって，2台のロボットがA地点で折り返し，C地点に到達したのは8時00分＋4分＝8時04分である。

したがって，ロボットTは8時04分－7時54分＝10分で72＋32＝104(m)走ったから，$104\div10=\dfrac{52}{5}$より，

ロボットTの速さは分速$\dfrac{52}{5}$mである。

⑵ **【解き方】**ロボットTとSの移動の様子をグラフにかいて考える。

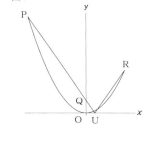

図 i

Tが7時54分から8時00分までの6分間に進んだ距離は，$\dfrac{52}{5}\times6=\dfrac{312}{5}$(m)

よって，8時00分にTはA地点から$72-\dfrac{312}{5}=\dfrac{48}{5}$(m)離れたところにいて，

まだA地点に到達していないから，グラフは図 i のようになり，Qの座標は

$\left(0，\dfrac{48}{5}\right)$である。したがって，直線PQの式は，$y=-\dfrac{52}{5}x+\dfrac{48}{5}$

この直線の式に$y=0$を代入し，xについて解くと，$x=\dfrac{12}{13}$となるから，

$U\left(\dfrac{12}{13}，0\right)$である。

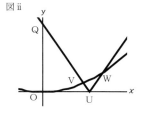

図 ii

図 i のUのあたりを拡大すると図 ii のようになり，VとWが2つのロボットが同じ地点にいたことを表す。VからWまでは「ロボットSよりロボットT

の方がA地点から近い位置にいる」ので，PからRまでの時間(10分)から，

VからWまでの時間を引けばよい。

Vのx座標を求めるために，$y=2x^2$，$y=-\dfrac{52}{5}x+\dfrac{48}{5}$の2式から$y$を消去し，

整理すると，$x^2+\dfrac{26}{5}x-\dfrac{24}{5}=0$となり，$\left(x+\dfrac{13}{5}\right)^2=\dfrac{24}{5}+\dfrac{169}{25}$

$\left(x+\dfrac{13}{5}\right)^2=\dfrac{289}{25}$　　$x+\dfrac{13}{5}=\pm\dfrac{17}{5}$　　$x=-6，\dfrac{4}{5}$　　　よって，Vのx座標は$\dfrac{4}{5}$である。

次に，直線URは直線PQとx軸について対称なので，直線URの式は$y=\dfrac{52}{5}x-\dfrac{48}{5}$である。$y=2x^2$，$y=\dfrac{52}{5}x-\dfrac{48}{5}$

の2式からyを消去し，整理すると，$x^2-\dfrac{26}{5}x+\dfrac{24}{5}=0$となり，先ほどと同様に解くと，$x=4，\dfrac{6}{5}$となる。

よって，Wのx座標は$\dfrac{6}{5}$である。よって，求める時間は，$10-\left(\dfrac{6}{5}-\dfrac{4}{5}\right)=\dfrac{48}{5}$(分)である。

⑶ ① ロボットTは8時00分にA地点に到達していないので，太郎くんがロボットTに追いつく可能性はある。

② 8時00分から8時04分より前では，図 ii のVとWで2台のロボットが同じ地点にいるので，太郎くんが進む

速さは2種類考えられる。

③ 太郎くんが分速18mで進むときの様子は直線$y=-18x+72$と表されるから，この式にWのx座標$\dfrac{6}{5}$を代入し

て解くと，$y=\dfrac{252}{5}=50.4$となる。この式に$x=4$を代入して解くと，$y=0$となる。よって，2台のロボットが

8時04分より前に，最後に同じ地点にいるとき，太郎くんはC地点とD地点の間にいて，8時04分までにロボッ

トT，ロボットSの順に出会う。

④ 太郎くんが分速$\dfrac{52}{5}$mで進むと，8時00分から8時04分の4分間で，$\dfrac{52}{5}\times4=41.6$(m)進むことになる。

D地点からC地点までの距離は72－32＝40(m)だから，太郎くんはC地点より先に進んでいるので，8時04分よ

り前に2台のロボットと出会うことになる。

以上より，正しいものは③である。

1　問3　空欄□□□の直前に「痛む他者への想像力」という言葉がある。②の「そういう想像力」は、この「痛む他者への想像力」を指している。よって、最初は②。⑤の「それ」は、②の内容全体を指しているので、②の後には⑤が続く。残る①・③・④について見ていくと、①の「そういう痛み」は、④の内容全体を指しており、④は③の「職を辞すことで～失う」ことの苦しみの具体例である。以上から、「②→⑤→③→④→①」の順になっていると考えられる。よって、④が適する。

問5　③段落の最初に「貨幣とおなじように、言葉も流通すればするほどすり減ってくる。いまは『痛み』がそうだ」とある。この「すり減ってくる」とは、「痛み」という言葉から、その実感が失われていくことを表している。よって、③が適する。

問6　⑥段落～⑧段落の内容をまとめると、「疼（うず）き」とは、過去に原点をもっていても、過去のものにならないで現在に居すわっているものであり、「苦痛」とは、ひとを「いま」「ここ」に閉じ込めるものである。したがって、「今」にしか関わっていないことを「疼き」の例としている①は、本文の内容と合致しない。よって、①が正解。

問7　⑨段落に、苦痛や痛みについて、「ひとの存在がうんと奥まって、個人が、あるいはその身内が、孤立してしまう～ひとはただひたすらそれを独りで耐えぬくしかない」とある。また、⑩段落の後半部分に「苦しみというものは～想像力を強く喚起しないとそれに届かないものだ」とある。よって、これらの内容を踏まえている①が適する。

問8　筆者は⑪段落の最後で「痛みの文化」に関して、「痛むひとを孤立させないという智恵がはたらいたのだ」と述べている。よって、これを踏まえた⑤が適する。

問9　①は「動詞であり～連用形である」が誤り。この「痛み」は名詞。②は「形容動詞」が誤りで、正しくは「形容詞」。③は「形容動詞の終止形」が誤りで、正しくは「助動詞の連体形」。⑤は「助詞」が誤りで、正しくは「助動詞」。

問10　①・②・③の内容は、⑱段落から読み取れる。④の内容は、主に⑩段落～⑰段落の内容と合致する。⑤の「人の不幸を支えていく精神」は、本文において主要な論点として出てきていない。よって、⑤が正解。

問11　「ローンリネス（孤独）の大衆現象」とは、「孤独」である状態が大衆の間に広まったということを表している。また、傍線部Fの直後の「『痛み』の孤立というかたちで」社会に浮上するとは、「痛み」を感じる人々が孤立する現象が社会に広がっているということ。よって、④が適する。

問12　問11の解説にあるように、⑳段落の中の「大衆現象」とは「孤独」である状態が大衆の間に広まったことを示す。したがって、「怪我した箇所がずきずき『疼く』」という経験が誰にでもあるということを「大衆現象」だと考えている生徒Aの話は、本文の内容に合致していない。よって、①が正解。

問13ⅰ　⑯段落では、最初と最後の文以外は、全て体言止めの文で「さまざまの『痛みの現象』」が列挙されている。体言で言い切った文を並べることで、ここに書かれた痛みの現象を強調し、文章に緊張感を持たせている。よって、②が適する。①と③は、それぞれ後半部分が適さない。④は全体的に適さない。　ⅱ　⑲段落の前の段落では、「痛みの文化」が簡便なものとしてイメージされていることなどについて述べている。⑲段落ではそれらを受けて「痛みを分かち合う」とはどういうことなのかを説明しているので、⑲段落は直前の段落の結論を繰り返しているのではなく、また「新たな現代社会の問題」を提起しているのでもない。よって、④が正解。

2　問1Ｘ　第二段落の「火串に引きかけて」「火取りて見るに」などから暗い時間であることがわかるので、⑤が適する。　　Ｙ　直後の一文に「この聖」とあるので、「法師」に関わるものが入る。男は目の様子が違っていることが気になって近寄っているので、この時見たのは頭だとわかる。以上から、④が適する。

問2　波線部ア、イ、ウ、オの主語は「男」で、エの主語は「目」。よって、④が適する。

問3　【本文】中の「この鹿の目の間の、例の鹿の目の〜目の色も変りたりければ」の現代語訳が入る。「例の鹿」は「普通の（通常の）鹿」の意。「あはひ」の意味は「間・間隔」。「変わりたりけれ」は、変化したという意味ではなく、変わっていた（ちがっていた）という意味。以上から、④が適する。

問4　現代語の「なお」には、「以前と同じように」の意味があり、①・②・④はこの意味で用いられている。また、「さらに」の意味もあり、③はこの意味で用いられている。

問5　傍線部Cの前に「『こはいかに』と見て、おり走りて〜そひ臥し給へり」とある。【現代語訳】でこの部分に該当するのは、「『これはどうしたことか』と思って、（馬から）降りて走り寄って〜伏せっておられた」である。この内容に合致している②が適する。

問6　傍線部Dの「られ」は、他から何かをされるという「受身」の意味。よって、⑤が適する。③は、例文は適しているが、意味を「使役」としているので適さない。

問7　「聖」の目的は、自分が射られて殺されることによって、「男」を改心させ、鹿を殺すという行為（殺生）を控えさせることであった。この時点では、「聖」は、自分が射られることに失敗したため、「男」を改心させることができなかったと考え、「口惜しく」思ったのである。よって、⑤が適する。

問8　問7の解説にあるように、「聖」の目的は、自分が射られて殺されることによって、「男」を改心させ、男に殺生をやめさせることにある。この後、「男」が「法師」になり、聖の死後は「勤行」に励んだことからも、この「聖」の信念に「男」は感激したのだと考えられる。よって、③が適する。

問9　「聖」の死後も「勤行」をしていたことから、心から仏道修行に励もうとしたことがわかる。よって、①が適する。

問10　男に射られなかった時点で、「聖」の作戦は失敗している。また、③の「何度忠告しても」という内容は読み取れない。よって、③が正解。④は、「男」ではなく「法師」となっている点が気になるが、「男」は後に「法師」となっているので正しいと考えられる。

問11　『平家物語』は鎌倉時代に成立した作品で、冒頭部分も①に示された通り。よって、①が適切。②の『方丈記』も鎌倉時代の作品だが、冒頭部分が誤っている。③の『土佐日記』、④の『竹取物語』、⑤の『枕草子』は平安時代の作品。

═══ 《2023　理科　解説》 ═══

1　問3　作用・反作用の法則より、AとBが正面衝突したときにそれぞれのばねにはたらく力の大きさは等しいから、それぞれのばねの縮みは同じである。

問4　物体の質量は70kg（70000 g）だから、重力の大きさは $\frac{70000}{100} = 700$（N）である。図2のように動滑車を1つ用いると、ロープを引く力は物体にはたらく重力の半分の350Nになり、ロープを引く距離は物体を持ち上げる距離の2倍の4mになる。なお、この人がした仕事の大きさは350×4＝1400（J）であり、これは物体を直接2m持ち上げたときの仕事の大きさ700×2＝1400（J）と同じになる。このように道具を用いても仕事の大きさが変わらないことを仕事の原理という。

問5　塩酸中には水素イオン〔H^+〕と塩化物イオン〔Cl^-〕が数の比1：1で存在し、水酸化ナトリウム水溶液中にはナトリウムイオン〔Na^+〕と水酸化物イオン〔OH^-〕が数の比1：1で存在する。これらを混ぜ合わせると、水素イオンと水酸化物イオンは数の比1：1で結びついて水になり〔$H^+ + OH^- \rightarrow H_2O$〕、塩化物イオンとナトリウムイオンは水溶液中では結びつかない。また、濃度が同じであれば、同じ体積中に存在する水素イオンとナトリウ

ムイオンの数の比が１：１であると考えればよい。以上より，水酸化ナトリウム水溶液の体積が５mLになるまでは，減少する水素イオンと増加するナトリウムイオンの数が等しくなるため，イオンの総数は変化しない。水酸化ナトリウム水溶液の体積が５mLより大きくなる(水素イオンがなくなる)と，加えた水酸化ナトリウム水溶液中に存在するイオンの数だけ，イオンの総数が増えていく。

問6　水の電気分解では，陰極から水素，陽極から酸素が体積比２：１で発生する〔$2H_2O \rightarrow 2H_2 + O_2$〕。

問7　顕微鏡の倍率は，アが$10 \times 40 = 400$(倍)，イが$10 \times 10 = 100$(倍)，ウが$10 \times 4 = 40$(倍)，エが$20 \times 20 = 400$(倍)である。イとウは視野の中での大きさが同じくらいだから，倍率が小さいウの方が実際の大きさは大きい。また，アとエは倍率が同じだから，視野の中での大きさが大きいアの方が実際の大きさも大きい。さらに，アとイを比べると，イを図の状態からさらに４倍拡大するとアと同じ倍率になり，イは視野からはみ出してしまうので，実際の大きさはイの方が大きい。よって，大きい順に，ウ→イ→ア→エとなる。

問8　純系どうしをかけあわせたときに子に現れる形質(ここでは丸)が顕性であり，種子の形が丸の個体の遺伝子の組み合わせはＡＡかＡａ，種子の形がしわの個体の遺伝子の組み合わせはａａである。ＡＡとａａをかけあわせてできる子はすべてＡ̂ａとなり，Ａａとａａをかけあわせてできる子はＡ̂ａ：â̂a＝１：１となる。よって，個体Ｘの遺伝子の組み合わせはＡａである。

問9　マグマのねばりけが強い場合は③，マグマのねばりけが弱い場合は②のようになる。

問10　図３より，地軸が公転面に垂直な方向から23.4度傾いていることを読み取る。冬至の南中高度は〔90－緯度－23.4〕で求められるから，$90 - 35 - 23.4 = 31.6$(度)となる。

2　問1　〔電力(W)＝電圧(V)×電流(A)〕より，$6 \times 2 = 12$(W)となる。なお，〔抵抗(Ω)＝$\dfrac{電圧(V)}{電流(A)}$〕より，Ａの抵抗は$\dfrac{6}{2} = 3$(Ω)である。

問2　図２で，並列つなぎのＢとＣにはそれぞれ６Ｖの電圧がかかり，電流計の示す値はＢとＣを流れる電流の和となる。よって，〔電流(A)＝$\dfrac{電圧(V)}{抵抗(Ω)}$〕より，$\dfrac{6}{4} + \dfrac{6}{2} = 4.5$(A)となる。

問3　電圧を変えずに抵抗の大きさが半分になると，電熱線に流れる電流は２倍になるから，電力や同じ時間での発熱量(水の上昇温度)も２倍になる。よって，図４では，10分後の水の上昇温度が12℃だから，10分後の水の上昇温度が24℃になるグラフを選べばよい。

問4　ＢとＣを直列つなぎにすると，回路全体の抵抗が$4 + 2 = 6$(Ω)になる。これは図３の$6 \div 4 = \dfrac{3}{2}$(倍)だから，回路全体を流れる電流は図３のときの$\dfrac{2}{3}$倍になり，10分後の水の上昇温度は$12 \times \dfrac{2}{3} = 8$(℃)になる。

問5　ＡとＣを並列つなぎにするとそれぞれに６Ｖの電圧がかかるから，回路全体を流れる電流は$\dfrac{6}{3} + \dfrac{6}{2} = 5$(A)になる。また，図３でＢに流れる電流は$\dfrac{6}{4} = 1.5$(A)だから，図６では図３の$5 \div 1.5 = \dfrac{10}{3}$(倍)の電流が流れる。よって，同じ時間での図６の水の上昇温度は図３の$\dfrac{10}{3}$倍であり，水の上昇温度を同じにするために必要な時間はその逆数の$\dfrac{3}{10}$倍になるから，$10 \times \dfrac{3}{10} = 3$(分後)である。

3　問1　①○…10℃の水100ｇに22ｇまで溶ける。また，溶媒(ここでは水)が凝固し始める温度は０℃であり，０℃の水100ｇには13ｇまでしか溶けないから，０℃になる前に結晶が現れる。　②×…飽和水溶液にはそれ以上同じ物質を溶かすことはできない。　③×…30℃の水100ｇに46ｇまで溶かすことができるので，100ｇよりも水が少なければ46ｇ溶かすことはできない。　④×…40℃の水100ｇに64ｇまで溶かすことができるから，40℃の水50ｇには32ｇまで溶かすことができる。つまり，40℃の飽和水溶液50＋32＝82(ｇ)には硝酸カリウムが32ｇ溶けているから，40℃の飽和水溶液50ｇに溶けている硝酸カリウムは32ｇより少ない。　⑤×…50℃の水20ｇと10℃の水80ｇを混ぜた水100ｇの温度は10℃よりも高い。よって，この水には22ｇより多くの硝酸カリウムを溶かすことができる

ので，結晶が現れることはない。

問2 水110gに50.6gを溶かすことができる温度は，水100gに$50.6 \times \dfrac{100}{110} = 46$（g）を溶かすことができる温度である。よって，溶解度が46gの温度になるとすべて溶けるので，①が正答となる。

問3 50℃の水100gに85gまで溶けるから，50℃の水110gには$85 \times \dfrac{110}{100} = 93.5$（g）まで溶ける。よって，追加した硝酸カリウムは$93.5 - 50.6 = 42.9$（g）である。

問4 10℃の水110gには$22 \times \dfrac{110}{100} = 24.2$（g）まで溶けるから，出てくる結晶は$93.5 - 24.2 = 69.3$（g）である。

問5 操作3の後，Aに残った水溶液は水110gに24.2gの硝酸カリウムが溶けたものだから，Bには水$110 \div 2 = 55$（g）と硝酸カリウム$24.2 \div 2 = 12.1$（g）を移したことになる。ここにさらに水53.9gを加えたから，

〔質量パーセント濃度(%) $= \dfrac{溶質の質量(g)}{溶液の質量(g)} \times 100$〕より，$\dfrac{12.1}{55 + 12.1 + 53.9} \times 100 = 10.0$（%）となる。

4 **問1** 肺で気体交換をした後の，酸素を多く含む血液を動脈血という。肺から左心房に戻る血液が流れる(あ)の肺静脈と，左心室から全身に送られる血液が流れる(い)の大動脈には動脈血が流れている。

問2 デンプンが分解されてできたブドウ糖は小腸で吸収されて毛細血管に入る。その後，cの門脈を通って肝臓に送られる。また，二酸化炭素以外の不要物はじん臓でこしとられ，尿として体外に排出される。よって，じん臓を通った後のeには，二酸化炭素以外の不要物が最も少ない血液が流れる。

問3 タンパク質が分解されてできたアミノ酸は，ブドウ糖と同じように小腸で吸収された後，肝臓に送られる。その後，大静脈→心臓→肺(→心臓)→じん臓の順に到達する。

問4 1分→60秒あたり$75 \times 80 = 6000$（mL）の血液が送り出されるから，体内にある5500mLの血液を送り出すのにかかる時間は$60 \times \dfrac{5500}{6000} = 55$（秒）である。これが，血液が体内を1周するのにかかる時間である。また，右心室から出て右心房に戻ってきたとき，または左心室から出て左心房に戻ってきたとき，血液が体内を1周したと言える。

問5 安静時に1分間で送り出される血液をxmLとすると，脳へは$x \times 0.15 = 0.15x$（mL）の血液が送り出される。これに対し，運動時では1分間で送り出される血液が$5x$mLになるので，脳へは$5x \times 0.03 = 0.15x$（mL）の血液が送り出される。よって，安静時と運動時で，脳に送り出される血液の量は同じである。

━━《2023 英語 解説》━━

1 **1** 「ジョンは私の母の弟です。彼は私の叔父です」より，①が適当。

2 remind＋人＋of＋もの「(人)に(もの)を思い出させる」より，⑤が適当。

3 「○○で一番〜」は〈the＋最上級＋of＋○○〉で表す。②が適当。

4 exciting は「(もの)がわくわくさせる」，excited は「(人)がわくわくする」ときに使う。主語が「友達と野球をすること」だから，①が適当。

5 book「予約する」より，④が適当。

6 must 〜「〜しなければならない」より，③が適当。

7 attach＋A＋to B「BにAを添付する」より，⑤が適当。

8 現在完了進行形〈have/has＋been＋〜ing＋for＋○○〉「○○の間ずっと〜している」の文にする。③が適当。

9 過去分詞(＝given)と語句(＝in English)が後ろから名詞(＝instructions)を修飾し，「英語で与えられた指示」となる。④が適当。

10 electronic devices「電子装置」より，①が適当。

2　11　I will help you <u>with</u> your homework. :「(人)の(こと／もの)を手伝う」＝help＋人＋with＋こと／もの

　　12　I want to be a bridge between people <u>through</u> languages. :「言語を通じて」＝through languages

　　13　You are a member of the family <u>during</u> your homestay. :「あなたのホームステイ中は」＝during your homestay

　　14　Could you tell me how to get to Marina Bay Station? : 不足する語はない。　　・how to ～「～の方法」

　　15　Many kinds of animals are in danger of <u>extinction</u>. :「絶滅の危機に瀕している」＝are in danger of extinction

　　16　The evacuation map shows people where they should go in a <u>disaster</u>. :「災害時に」＝in a disaster

3　【本文の要約】参照。

　　18　I'll show <u>you</u> a picture of <u>me</u> in her *furisode*. :「(人)に(こと／もの)を見せる」＝show＋人＋こと／もの　「～の写真」＝a picture of ～

　　19　主語が Japanese「日本語」だから，〈be 動詞＋過去分詞〉で「～は教えられている」という意味の受け身の文にする。

　　20　「手紙によると，ソフィアの学校の新年度はいつ始まりますか？」…第3段落4行目より，今は1月で，ソフィアは来月から新年度が始まると言っているので，新年度は2月から始まる。

　　21　①「ソフィアは×1月7日に北海道に到着しました」　②「ソフィアは×1月17日，日本の伝統的な服装を楽しみました」　③×「ソフィアはレイコに振袖を貸しました」…本文にない内容。　④×「ソフィアは札幌雪祭りを楽しんだので，とてもうれしかったです」…本文にない内容。　⑤○「ソフィアは高校生でカナより年下です」

【本文の要約】

　　1月18日　スコットへ，元気？私は元気よ。あなたの①夏休み(＝summer vacation)はどう？私は1月7日にオーストラリアを出発し，翌日ここに到着したわ。北海道まで20時間かかったの。私は今，富良野で素晴らしい②冬休み(winter vacation)を楽しんでいるわ。③夏(＝summer)に家を出て，④冬(＝winter)にこの地に到着したの。ここでは暖かい服を着なければならないわ。1月の雪を想像できる？私は昨日スキーに行ったわ！

　　私は今，レイコとカナという2人の女の子がいる日本人の家族のところに滞在しているの。レイコは20歳よ。1月10日，彼女は振袖を着て成人式に行ったわ。振袖は日本の伝統的な服装なの。振袖は成人式で最も人気のある服装よ。とても素敵だったわ。彼女は帰宅後，私に振袖を貸してくれたの。私はとても幸せだったわ！彼女の振袖を着た私の写真を見せるわね。

　　21⑤カナは私より年上で高校に通っているわ。私たちは学校生活についてよく話すの。21⑤私が日本語を話すと彼女は驚いたわ。彼女は，私たちの国の多くの高校で日本語⑥が教えられている(＝is taught)ことを知らなかったわ。彼女は札幌雪祭りについて教えてくれたの。とても見たいけど，見れないわ。20②私たちの学校の新年度が来月から始まるからね。私は1月25日にこちらを出発しなければならないわ。もうすぐたくさん写真を持って家に帰るわ。また会えるのを楽しみにしているわ！　ソフィアより

4　【本文の要約】参照。

　　22　アンは1回目の発言でリストの中で1番安いツアーに参加したいと言っているので，表より，④「30ドル」が適当。

　　23　シーフードランチを食べられるツアーだから，表より，①Special Tour だとわかる。

　　24　表より，Special Tour の出発時刻は10時30分である。表の下の文の5行目に「あなたのツアーの出発時刻の20分前に集合してください」とあるので，③10時10分までに集合場所にいなければならない。

　　25　夕食が食べられるツアーだから，②Deluxe Dinner Tour である。

26　ジェフ先生と妻はそれぞれ 60 ドルである。また，表の下の文の 2 ～ 3 行目より，10 歳の娘は半額の 30 ドルで，週末は 1 人 5 ドルの追加料金がかかるので，合計で 60×2＋30＋5×3＝165(ドル)である。

27　表の上の 1 文より，さらに詳しい情報が知りたい場合はメールを送ればよいことがわかる。よって，④「Green City Travel にメールを送る」が適当。

【本文の要約】

ハナ：アン，何を見ているの？

アン：これはサンフランシスコのバスツアーに関するウェブサイトよ。来週の月曜日に，友人とリストの中で 1 番安いツアーに参加したいの。時間があるなら一緒に行く？

ハナ：いいね！私は一緒にツアーに参加したいわ。いくら払えばいいの？

アン：①④30 ドルよ。

ハナ：あ，忘れていたわ。宿題があるの。来週の火曜日までにそれを終わらせなければならないわ。だから一緒に行けないわ。でも，また機会があれば参加させて。

アン：大丈夫よ。ジェフは週末に食事付きのツアーに参加したいそうよ。彼は私たちの歴史の先生なの。彼に一緒に行ってもらうのはどう？彼と一緒にツアーに参加すれば，サンフランシスコの歴史を学ぶことができるわ。それに，昼食はシーフードやピザ，夕食は美味しいステーキを楽しむことができるの。

ハナ：それはいい考えね。もし彼がシーフードランチを食べたいとしたら，どのツアーに参加できるの？

アン：②①Special Tour よ。

ハナ：それから，シーフードランチ付きのツアーに参加するには，何時に集合場所にいなければならないの？

アン：③③10 時 10 分よ。

ハナ：もし彼がバスツアーで夕方に食事をしたいなら，どのツアーが 1 番いいかな？

アン：④②Deluxe Dinner Tour よ。彼には妻と娘がいるわ。娘は 10 歳よ。週末の夕方バスツアーに参加するなら，彼は⑤②165 ドル払わなければならないわ。

ハナ：そうなんだ。それと，サンフランシスコ美術館について知りたい場合は，どうすればいい？

アン：⑥④Green City Travel にメールを送ればいいわ。

5　【本文の要約】参照。

28　Have you ever <u>thought</u> about the food <u>you</u> eat every day?：現在完了“経験”の疑問文〈Have/Has＋主語＋ever＋過去分詞　～?〉「これまでに～したことがありますか？」の形。

29　①「結局」，②「そのとき」，③「そのおかげで」，④「その上」は不適当。

30　グラフ 1 より，家庭からの食物の廃棄物の割合は 47％で，日本の食物の廃棄物の約半数を占めているので，②が適当。

31　グラフ 2 より，日本のフード・マイレージは 6 か国の中で最も多いことがわかる。③が適当。

32・33　①「×<u>アフリカの多くの国</u>では，外国から食べ物を輸入しています」　②○「食べ物を買いすぎなければ，食べ物の廃棄物を減らすことができます」　③「家庭の食物の廃棄物を減らすことは×<u>重要ではありません</u>」　④○「地元産の食べ物を買うことは環境にとって良いことです」　⑤×「私たちの国で生産される食べ物を使うと，より多くのフード・マイレージを消費します」…本文にない内容。　⑥×「二酸化炭素を減らすために，私たちはお互いにフード・マイレージを共有しなければなりません」…本文にない内容。　⑦×「燃料を使いすぎることは，私たちの未来をより良くするのに役立ちます」…本文にない内容。

あなたが毎日食べるものについて，これまでに考えたことがありますか？食べ物は私たちにとってとても重要です。食べ物について考えることで，世界の多くの問題を解決できると思います。

まず，貧しい国と裕福な国の違いについて考えるべきです。毎日十分に食べ物を食べられない人がたくさんいます。アフリカの多くの国では，35％以上の人々が飢えに苦しんでいます。②⑤一方で（＝On the other hand），世の中には肉や魚をたくさん食べる人がいます。彼らは毎年，非常にたくさんの食べ物を無駄にしています。日本の食物の廃棄物は年間600万トンを超えています。グラフ1は，③②家庭からの食物の廃棄物は食物の廃棄物全体の約半数を占めていることを示しています。家庭の食物の廃棄物を減らすべきです。32. 33②私たちにとって，食べきれるものだけを買うことが大切です。

次に，日本のフード・マイレージについて考えるべきです。私たちは1990年代からフード・マイレージを使用しています。食べ物を食べる前に，食べ物がどれほどの距離を運ばれるのかを教えてくれます。例えば，外国産の魚と日本の海でとれる魚を考えてみてください。外国産の魚は輸送時により多くのフード・マイレージを使用します。食品を輸入するとフード・マイレージが増えます。グラフ2によると，④③日本のフード・マイレージは，6か国の中で最も多いです。日本では，多くの国からたくさんの食べ物が輸入され，多くの燃料が使われています。フード・マイレージが増えるということは，二酸化炭素排出量が増え，地球温暖化が進むことを意味します。燃料の使い過ぎは環境に良くないので，私たちはこのことについて考えます。32. 33④地元産の食べ物を買うことが，この問題を解決するための良い方法のひとつだと思います。

食べ物があればみんな幸せになれると言いたいです。そのような問題について勉強することが第一歩です。次のステップでは，解決策について考えます。それから，私たちのやり方で行動を起こすべきです。
私の発表を聴いていただきありがとうございました。

《2023　社会　解説》

1　問1　②　日本の標準時子午線が東経135度であり，イギリスのロンドンを通る経線が経度0度の本初子午線であることから，間にある地点Aの経度は東経60度と判断できる。アフリカのビクトリア湖を通る緯線が緯度0度の赤道であり，スペインのマドリード，日本の秋田県あたりを通る緯線が北緯40度であることから，地点Aの緯度は北緯22度と判断できる。

問2　②　ペルシャ湾沿岸・北アフリカ・ギニア湾・メキシコ湾沿岸など，原油が多く産出される地域から矢印が出ていることから判断する。

問3　①　アフリカ州は，人口が多いわりにGDPが小さいことがポイント。Bはアジア州，Cはヨーロッパ州，Dは北アメリカ州，Eは南アメリカ州。

問4　⑤　Iはモンゴルで見られる移動式の住居ゲルである。IIはイギリスで見られる二階建てバスである。イギリスは，暖流の北大西洋海流と偏西風の影響で，高緯度でも冬の気温が高めで寒さが厳しくない西岸海洋性気候である。

問5　③　①誤り。EUの発足は1993年で，その後1999年に共通通貨ユーロが導入された。②誤り。多くのEU加盟国間でパスポートなしで通過することができる。④誤り。2009年に債務危機に陥ったのは，イタリアではなくギリシャである。⑤誤り。2020年にEUを離脱したのはイギリスだけである。

問6　④　①誤り。やませは夏の東北地方の太平洋側に吹く冷たく湿った風である。②誤り。日本海側から吹く

のは偏西風ではなく季節風，また，対馬海流は寒流ではなく暖流である。③誤り。瀬戸内は，南北にある中国山地と四国山地に遮られて，乾いた風が吹き込むため，１年を通して降水量が少ない。⑤誤り。南四国では，夏の季節風の影響で，夏から秋にかけて降水量が多くなる。

問7　④　左下に50mの計曲線が読み取れることから，50mごとに計曲線が引かれた25000分の１地形図である。(実際の直線距離)＝(地図上の長さ)×(縮尺の分母)より，5×25000＝125000(cm)＝1250m＝1.25km

2　問1　②　①誤り。ポリスは古代ギリシャに成立した都市国家である。③誤り。元老院と執政官(コンスル)による共和政は，ギリシャではなくローマで行われた。④誤り。アテネの民会では，18歳以上の市民男子にだけ参政権が与えられていた。⑤誤り。コロッセオはギリシャではなくローマに建設された闘技場である。

問2　⑤　①誤り。金印の記述があるのは『後漢書』東夷伝である。『漢書』には「楽浪海に倭人あり。100余国に分かれている。…」などの記述がある。②誤り。大和政権は百済や伽耶諸国と交流が深く，高句麗や新羅と戦った。③誤り。渤海は唐と対立関係にあり，度々日本と交流していた。④誤り。白村江の戦いで大和政権は大敗し，唐と新羅の攻撃に備えて九州北部に防人を配置した。

問3　③　①誤り。聖徳太子は，仏教の受容に賛成する蘇我氏と協力して，仏教の教えをもとにした政治を行った。②誤り。鑑真は，唐の高僧であり，正しい仏教の戒律を伝えるために来日した。ため池や橋などを造って民衆の信頼を得て仏教を布教したのは行基である。④誤り。仏教の力で国家を守ろうと，国分寺と国分尼寺を建てたのは桓武天皇ではなく聖武天皇である。⑤誤り。浄土信仰は，死後に極楽浄土への生まれ変わりを願う信仰である。

問4　①　後三条天皇は，藤原氏を外戚としない天皇であったため，藤原氏の力が及ばなかった。藤原氏による摂関政治から白河上皇による院政の間に，後三条天皇がいたことは覚えておきたい。平清盛らの協力を得て，保元の乱・平治の乱に連勝した後白河天皇(上皇)は，次第に平清盛と対立し，清盛によって幽閉された。

問5　①　②二期作が誤り。正しくは二毛作である。③座が誤り。正しくは惣である。④地頭が誤り。正しくは守護である。守護が，荘園の年貢の半分を取り立て，軍事費にする権利を認めた法令を半済令という。⑤応仁の乱後が誤り。正しくは応仁の乱前。正長の土一揆は，応仁の乱(1467年)より前の1428年に起きた。

問6　③　朱印状の説明として③が正しい。

問7　①　②誤り。フランスが誤り。薩摩藩士がイギリス人を殺傷した事件(生麦事件)によって，薩英戦争が起きた。③誤り。公武合体では，天皇の妹和宮を将軍家茂に嫁がせた。④誤り。薩摩藩と長州藩が逆である。薩摩藩は，過激な攘夷を主張する長州藩を京都から追放した(禁門の変)。⑤誤り。高野長英は，異国船打払令に反対し，蛮社の獄で処罰された。

問8　③　尾形光琳の『燕子花図』である。

問9　①　②３％が誤り。各地で反対一揆が起き，地租は地価の３％から2.5％に引き下げられた。③誤り。廃藩置県を行い，中央から県令を派遣した。④満25歳が誤り。満20歳以上の男子に徴兵検査が行われ，合格者の中から抽選で徴兵された。⑤誤り。解放令が出された後も，差別は解消されなかった。

問10　⑤　①時代が誤り。義務教育が９年制になったのは太平洋戦争後である。②減少に転じたが誤り。新聞の発行部数は増加した。③誤り。民本主義を唱えたのは美濃部達吉ではなく吉野作造である。美濃部達吉は天皇機関説を唱えた。④時代が誤り。坪内逍遥が提唱し，二葉亭四迷が言文一致体で『浮雲』を書いたのは明治時代である。

問11　④　D(1943年)→A(1945年２月)→C(1945年７月)→B(1945年８月)

3　問1　②　L(レズビアン)，G(ゲイ)，B(バイセクシャル)，T(トランスジェンダー)の略称であり，性的少数者を意味する。①誤り。女性用トイレを増設してもＬＧＢＴに対する取り組みとならない。③誤り。大部屋より個

室を使用する方が配慮となる。④誤り。「男らしさ」「女らしさ」を意識した役割は適切でない。⑤誤り。2015年に、複数の地方公共団体で同性のパートナーシップ制度が認められたが、法的な婚姻は認められていない。

問2　⑤　①誤り。沖縄の本土復帰は1972年であった。②40％が誤り。日本にあるアメリカ軍専用施設の面積の約70％が沖縄県に集中している。③誤り。住民投票では9割近くがアメリカ軍専用施設縮小に賛成した。④鹿児島県が誤り。辺野古は沖縄県の名護市にある。

問3　④　①誤り。参議院の議員定数は公職選挙法に定められている。②誤り。参議院に解散はない。③誤り。参議院議員の選挙は、原則として都道府県を単位とした選挙区制と、全国を一つとした比例代表制で行われる。⑤誤り。弾劾裁判所は、参議院議員7名、衆議院議員7名の計14名で構成される。

問4　②　①は共助、③は自助、④は公助、⑤は自助である。

問5　④　Aは北海道にある北方領土で、日本とロシアの間に領土問題が存在する。Bは沖縄県にある尖閣諸島であり、わが国固有の領土であり、領土問題は存在しない。Cは島根県にある竹島であり、韓国との間に領土問題が存在する。

問6　①　②誤り。円安のときは日本円をドルに両替すると、円高のときより少なくなるので、海外旅行に行く人は減少する傾向にある。③誤り。円高のときは、日本の企業は輸入が有利になる。④誤り。1ドル＝120円から1ドル＝130円になることは円安である。⑤誤り。為替相場は、外国為替市場において売買される通貨の交換比率で、刻々と変化する。

問7　③　①誤り。ASEANに共通通貨は導入されていない。②誤り。APECでは、外交や安全保障、治安維持については話し合われていない。④誤り。TPPを離脱したのはアメリカであり、日本を含めた11か国で批准している。⑤誤り。USMCAはアメリカ・メキシコ・カナダ協定の略称である。

4　問1　④　①誤り。インドの独立は1930年代には実現せず、1947年に実現した。②NIESが誤り。正しくはBRICSである。③二酸化炭素の排出量は、中国、アメリカに次いで第3位である。⑤誤り。ガンジス川下流域は、稲作とジュート栽培がさかんである。

問2　⑤　Ｘ．誤り。イギリスが綿織物を大量に輸出していたのは中国ではなくインドである。19世紀初め、イギリスは中国から大量の茶などを輸入していたため、代金として支払う銀が不足すると、インドでつくらせたアヘンを清に密輸して、銀を手に入れていた。Ｙ．正しい。Ｚ．誤り。アヘンを厳しく取り締まったのは、イギリスではなく清である。銀の不足とアヘンの被害が深刻になった清が、アヘンの取り締まりを厳しくしたことで、イギリスと清によるアヘン戦争が起きた。

問3　①　1950年のシェアが25％を超えているＡとＢは西ヨーロッパの合計とアメリカのどちらかであり、19世紀以降、急激に上昇しているＢはアメリカだから、Ａが西ヨーロッパの合計である。19世紀の前半、インドはイギリスから大量の綿織物が輸入されたことで国内産業が衰えたから、1700年から1820年にかけてシェアが下がっているＤがインドと判断する。

★ 名城大学附属高等学校

《数 学》

1 　ア. ①　　イ. ⊖　　ウ. ③　　エ. ⑤　　オ. ⑥　　カ. ⊖　　キ. ①　　ク. ⑦　　ケ. ②　　コ. ⑤
　　サ. ⑨　　シ. ⑦　　ス. ②

2 　ア. ①　　イ. ②　　ウ. ④　　エ. ②　　オ. ⑤　　カ. ④　　キ. ⑧

3 　ア. ⊖　　イ. ①　　ウ. ②　　エ. ⊖　　オ. ①　　カ. ②　　キ. ③　　ク. ⊖　　ケ. ①　　コ. ⑧
　　サ. ①　　シ. ④

4 　ア. ⑨　　イ. ①　　ウ. ⓪　　エ. ④　　オ. ①　　カ. ⑦　　キ. ①　　ク. ⑨　　ケ. ⑦　　コ. ⓪

5 　ア. ①　　イ. ①　　ウ. ①　　エ. ③　　オ. ②　　カ. ④　　キ. ⑨　　ク. ①　　ケ. ①

《国 語》

1 　1. ④　　2. ②　　3. ③　　4. ①　　5. ⑤　　6. ④　　7. ⑥　　8. ③　　9. ①　　10. ⑤
　　11. ②　　12. ⑤　　13. ③　　14. ④　　15. ①　　16. ②　　17. ④　　18. ③　　19. ①　　20. ②
　　21. ②　　22. ⑥ (21 と 22 は順不同)　　23. ④

2 　24. ③　　25. ②　　26. ⑤　　27. ⑤　　28. ②　　29. ①　　30. ②　　31. ④　　32. ⑤　　33. ③
　　34. ①　　35. ③　　36. ⑥ (35 と 36 は順不同)

《理 科》

1 　1. ①　　2. ③　　3. ⑤　　4. ①　　5. ③　　6. ④　　7. ①　　8. ③　　9. ②　　10. ⑤

2 　11. ①　　12. ④　　13. ①　　14. ④　　15. ③

3 　16. ①　　17. ③　　18. ④　　19. ②　　20. ⑤

4 　21. ③　　22. ③　　23. ④　　24. ②　　25. ①

《英 語》

1 　1. ②　　2. ②　　3. ④　　4. ②　　5. ⑤　　6. ⑤　　7. ③　　8. ②　　9. ②　　10. ②

2 　11. ②　　12. ④　　13. ③　　14. ⑤〔別解〕④　　15. ⑤

3 　16. ③　　17. ①　　18. ③

4 　19. ⑤　　20. ①　　21. ③　　22. ⑤　　23. ④　　24. ②

5 　25. ③　　26. ⑤　　27. ④　　28. ①　　29. ①

6 　30. ①　　31. ⑤　　32. ①　　33. ①　　34. ③　　35. ①　　36. ④　　37. ②　　38. ④

《社 会》

1 　1. ②　　2. ④　　3. ④　　4. ①　　5. ⑤　　6. ③　　7. ④

2 　8. ③　　9. ③　　10. ①　　11. ②　　12. ②　　13. ④　　14. ③　　15. ①　　16. ⑤　　17. ②
　　18. ①

3 　19. ⑤　　20. ④　　21. ③　　22. ③　　23. ①　　24. ①　　25. ②

4 　26. ④　　27. ⑤　　28. ③

《2022　数学　解説》

1 (1) 与式$=2020×\dfrac{1}{2022}×\dfrac{3×337}{5×202}=1$

(2) 与式$=-\sqrt{9}+3-3+\sqrt{9}-\sqrt{9}=-3+3-3=-3$

(3) $\sqrt{\dfrac{6×336}{n}}=\sqrt{\dfrac{2×3×2^4×3×7}{n}}=\sqrt{\dfrac{2^4×3^2×2×7}{n}}$が整数となる自然数nは，小さい順で，

$2×7=14$，$2×7×2^2=56$，…となるので，2番目に小さい値はn＝56である。

(4) 与式より，$2(x^2+2x+1)=2x+5$　　　$2x^2+4x+2=2x+5$　　　$2x^2+2x-3=0$

2次方程式の解の公式より，$x=\dfrac{-2±\sqrt{2^2-4×2×(-3)}}{2×2}=\dfrac{-2±\sqrt{28}}{4}=\dfrac{-2±2\sqrt{7}}{4}=\dfrac{-1±\sqrt{7}}{2}$

(5) 【解き方】右のように作図する。

正五角形の1つの内角の大きさは，$180°×(5-2)÷5=108°$である。

$∠IHD=180°-157°=23°$

平行線の同位角は等しいから，$∠JCD=∠IHD=23°$

$∠FCJ=108°-23°=85°$

平行線の同位角は等しいから，$∠BFG=∠FCJ=85°$

四角形ABFGの内角の和より，$∠AGF=360°-108°-108°-85°=59°$

(6) 【解き方】右のように作図できるので，△PAD∽△PCBとなる。

PA：PC＝PD：PBより，$3:\dfrac{5}{2}=\left(x+\dfrac{5}{2}\right):(3+2)$　　　$3:\dfrac{5}{2}=\left(x+\dfrac{5}{2}\right):5$

$\dfrac{5}{2}\left(x+\dfrac{5}{2}\right)=3×5$　　　$x+\dfrac{5}{2}=6$　　　$x=\dfrac{7}{2}$(cm)

2 (1) 一郎さん，二郎さん，三郎さんのカードの取り出し方はそれぞれ3通り，4通り，

4通りあるので，3人のカードの取り出し方は全部で，$3×4×4=48$(通り)ある。

引き分けとなるのは，3人が2を出すか4を出すかの2通りあるので，求める確率は，$\dfrac{2}{48}=\dfrac{1}{24}$

(2) 【解き方】一郎さんが取り出したカードで場合わけをして考える。引き分けは含めないことに注意する。

一郎さんが2を取り出して勝者となったとき，（二郎さん，三郎さん）が取り出したカードは，（2，1）の1通りある。

一郎さんが4を取り出して勝者となったとき，（二郎さん，三郎さん）が取り出したカードは，（2，1）（2，2）

（2，4）（3，1）（3，2）（3，4）（4，1）（4，2）の8通りある。

一郎さんが6を取り出したときは，二郎さんと三郎さんが何を取り出しても勝者となり，2人の取り出し方は

$4×4=16$(通り)ある。

よって，一郎さんが勝者となるのは全部で$1+8+16=25$(通り)あるから，求める確率は，$\dfrac{25}{48}$

3 (1) 【解き方】交点の座標は連立方程式で求められる。

$y=-2x^2$…（Ⅰ）と$y=-5x-3$…（Ⅲ）を連立方程式として解く。

（Ⅰ）に（Ⅲ）を代入すると，$-5x-3=-2x^2$　　　$2x^2-5x-3=0$

2次方程式の解の公式より，$x=\dfrac{-(-5)±\sqrt{(-5)^2-4×2×(-3)}}{2×2}=\dfrac{5±\sqrt{49}}{4}=\dfrac{5±7}{4}$

$x=\dfrac{5+7}{4}=3$，$x=\dfrac{5-7}{4}=-\dfrac{1}{2}$

（Ⅰ）に$x=3$を代入すると，$y=-2×3^2=-18$　　　（Ⅰ）に$x=-\dfrac{1}{2}$を代入すると，$y=-2×\left(-\dfrac{1}{2}\right)^2=-\dfrac{1}{2}$

よって，交点の座標は，$\left(-\dfrac{1}{2}，-\dfrac{1}{2}\right)$(3，-18)である。

(2) 図1の状態のとき，（Ⅰ）のグラフは上に開いた放物線，（Ⅱ）のグラフは右上がりの直線，（Ⅲ）のグラフの

切片が正の数となるので，a，b，cは正の数であることがわかる。

放物線$y＝ax^2$のaの値を減少させると，a＞0の間は放物線の開き具合は広くなっていき，a＜0になると

グラフは下に開いた放物線となる。

直線$y＝bx$のbの値を減少させると，b＞0の間は傾きが緩やかになり，b＜0になるとグラフは右下がりの

直線となる。

直線$y＝-bx＋c$のbの値を減少させると，b＞0の間は傾きが緩やかになり，b＜0になるとグラフは右上が

りの直線となる。また，cの値は変化しないので，切片の位置は変わらない。

①はa＞0，b＜0の状態のグラフで，正しい位置関係である。

②は（Ⅲ）のグラフの切片が移動しているので，正しくない。③は（Ⅱ）のグラフが原点を通っていないので，正しく

ない。④は（Ⅱ）と（Ⅲ）の傾きがともに負であり，b＞0のときもb＜0のときもこのような位置関係にはならない。

(3) 【解き方】（Ⅱ）と（Ⅲ）のグラフの交点が（Ⅰ）のグラフ上にあればよい。

$y＝bx$…（Ⅱ）と$y＝-bx＋c$…（Ⅲ）をxとyの連立方程式として解く。

（Ⅱ）に（Ⅲ）を代入すると，$-bx＋c＝bx$　　$2bx＝c$　　　$x＝\dfrac{c}{2b}$

（Ⅱ）に$x＝\dfrac{c}{2b}$を代入すると，$y＝b×\dfrac{c}{2b}＝\dfrac{c}{2}$　　　（Ⅱ）と（Ⅲ）のグラフの交点は$(\dfrac{c}{2b}，\dfrac{c}{2})$である。

点$(\dfrac{c}{2b}，\dfrac{c}{2})$が放物線$y＝ax^2$上の点であるとき，$\dfrac{c}{2}＝a×(\dfrac{c}{2b})^2$　　　$\dfrac{c}{2}＝\dfrac{ac^2}{4b^2}$　　　$4b^2c＝2ac^2$

$4b^2c-2ac^2＝0$　　　$2b^2-ac＝0$　　　よって，$2b^2-ac＝0$となるとき，グラフが1点で交わる。

(あ)は，$2×2^2-2×4＝0$より，条件に合う。(い)は，$2×3^2-6×3＝0$より，条件に合う。

(う)は，$2×1^2-4×\dfrac{1}{2}＝0$より，条件に合う。(え)は，$2×2^2-1×3＝5$より，条件に合わない。

(お)は，$2×4^2-8×4＝0$より，条件に合う。(か)は，$2×3^2-5×2＝8$より，条件に合わない。

以上より，正しいものをすべて選ぶと，4通りある。

4 (1) 底面の半径を$r$cmとすると，底面積はπr^2cm²だから，$\dfrac{1}{3}×\pi r^2×16＝270\pi$より，$r^2＝\dfrac{810}{16}$

$r＝±\dfrac{\sqrt{810}}{\sqrt{16}}＝±\dfrac{9\sqrt{10}}{4}$　　　$r＞0$より，$r＝\dfrac{9\sqrt{10}}{4}$だから，底面の半径は$\dfrac{9\sqrt{10}}{4}$cmである。

(2) 【解き方】相似な立体の体積比は相似比の3乗に等しいことを利用する。

立体X，立体XとYを合わせた立体，立体XとYとZを合わせた立体は相似であり，相似比は1：2：3だから，

体積比は$1^3：2^3：3^3＝1：8：27$となる。よって，X：Y：Z＝1：(8-1)：(27-8)＝1：7：19

(3) (3)をふまえる。立体Yと立体XとYとZを合わせた立体の体積比は7：27だから，Yの体積は，

$270\pi×\dfrac{7}{27}＝70\pi$(cm³)

5 (1) 【解き方】右のように作図し，MN＝MP＋PNで求める。

四角形APND，四角形AQCDは平行四辺形なので，PN＝QC＝AD＝8cm

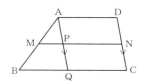

BQ＝14-8＝6(cm)だから，△ABQについて，中点連結定理より，

$MP＝\dfrac{1}{2}BQ＝3$(cm)　　　よって，MN＝3＋8＝11(cm)

(2) 【解き方】四角形AMNDと四角形MBCNの周の長さが等しいとき，AM＝BM，MNは共通な辺なので，

AD＋ND＝BC＋NCとなる。

ND＝$x$cmとすると，NC＝(7-x)cmとなるので，8＋x＝14＋(7-x)　　　$2x＝13$　　　$x＝\dfrac{13}{2}$

よって，ND＝$\dfrac{13}{2}$cmである。

⑶ 【解き方】右のように作図すると，ＭはＡＢの中点だから，△ＡＭＮ＝
△ＢＭＮがわかる。よって，四角形ＡＭＮＤと四角形ＭＢＣＮの面積が等し

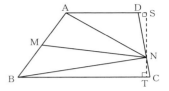

いとき，△ＡＤＮ＝△ＢＣＮとなる。

△ＡＤＮ，△ＢＣＮの底辺をそれぞれＡＤ，ＢＣとすると，底辺の比は

ＡＤ：ＢＣ＝８：１４＝４：７だから，面積が等しいとき，高さの比はＳＮ：ＴＮ＝７：４となる。

△ＮＤＳ∽△ＮＣＴより，ＮＤ：ＮＣ＝ＳＮ：ＴＮ＝７：４

よって，ＤＣ：ＮＤ＝（７＋４）：７＝１１：７だから，ＮＤ＝$\frac{7}{11}$ＤＣ＝$\frac{7}{11}$×７＝$\frac{49}{11}$(cm)

— 《2022 国語 解説》 ——

1 問2Ⅰ　 Ⅰ の前の「古いものは〜正しい科学だった」という部分が，後の「新しい科学が〜ほとんどありませ

ん」の理由にあたるので，④の「したがって」が適する。　　　Ⅱ　 Ⅱ の前の「科学では必ずしも古典を読む必

要はない」と，後の「新しい科学をきちんと理解するためには〜必要となるのです」は，反対のことを述べている

ので，⑥の「ところが」が適する。　　　Ⅲ　 Ⅲ の前の「科学的世界観を〜果てしのないものでした」に，後の

「ゴールだと思った地点が〜繰り返しだった」という別の事柄を付け加えているので，③の「しかも」が適する。

問3ⅰ　「敷居が高い」の本来の意味は，不義理などがあって，その人の家に行きにくいという意味。ここでは，

気軽には入りづらいといった意味で使われているので，①が適する。　　　ⅱ　「余儀ない」は，他に方法がない，

やむを得ないという意味なので，⑤が適する。　　　ⅲ　「せいぜい」は，多く見積もったとしても，たかだかとい

う意味なので，②が適する。

問4　傍線部Ａの「ふるいにかけ」るとは，条件や基準に合わないものを取り除くこと。ここでの「ふるい」は，

少し後にある「新しい観測データや実験事実」のことを指す。科学の仮説は，「新しい観測データや実験事実」に

合うかどうかを厳しくチェックされ，それらに合わない部分が取り除かれて，「その時点では正しい」と思われる

ものだけが残る。よって，⑤が適する。

問5　主に 3 ・ 4 段落の内容から判断する。「現代の物理学者の宇宙に対する理解は，ニュートンよりも優れてい」

るが，それは，現代の物理学者の方が「後の時代に生まれたから」であって，「ニュートンよりも偉大だから」で

はない。つまり，「科学は常に最新のものが一番正しい」という科学の性質の特異性によって，研究者としての優

劣に関係なく，現代の研究者は過去の研究者よりも研究対象に対する理解が優れているのである。また，傍線部Ｂ

の３〜７行後の「ところが，文学などではそうはいきません〜古典としての価値を持っています」より，文学は過

去の作品の方が優れている可能性もあるということが読み取れる。よって，③が適する。①は「現代の研究者の方

が優れている」「その比較を通して〜育成の難しさ」などが誤り。②は「新しいことが正義」「古いものも新しいも

のも〜発展している」などが誤り。④は「より最新の研究をしている科学者の方が優れている」「価値観の違い」

などが誤り。⑤は，「科学は，古典を軽んじている」「科学と文学の共通点」などが誤り。

問6　「学業のあり方」以外への影響について問われていることに注意する。直前の段落で，科学の累積性のため

に，「万能の科学者は育ちにくく」なっていることを説明しているので，④が適する。①と⑤は，学業のあり方へ

の影響を説明したものなので適さない。②は，科学の累積性とは関係ないので適さない。③は科学の累積性につい

て説明したものなので適さない。

問7　 X には，④→②→⑤→①→③の順で入るので，①が適する。④と②で，科学以外の知識にも累積性があ

ることを説明している。⑤では，④と②の内容を「しかし」で受けて，「科学の累積性」へと話を戻している。①

は、⑤の内容を、比喩を使って説明している。③は、④から①までの内容を受けたまとめになっている。

問8(1) ⑧段落には、「科学における現時点とは常に中間地点に過ぎず」、完結しないことが書かれている。また、傍線部Dの直後には、「非専門家にきちんと理解してもらうのは困難」な相対性理論や量子力学でさえ、「古い学問」であり、今の科学は「さらにその後の百年間の蓄積でできて」いるとある。このように、科学は完結せず、常に更新されるという性質があるため、一般の人々に「説明によって理解してもらう」のは「もはや不可能で、その～見せ方には工夫が必要」だとある。よって、②が適する。①と⑤は全体的に誤り。③は「科学者」に限定している点が誤り。④は「丁寧な説明が不可欠」が誤り。⑩段落に「『説明によって理解してもらう』ということはもはや不可能」とある。　**(2)** 天文学者が占いを行うことは、科学とは言えないので、④が正解。

問9 傍線部Eと③の「より」は副詞で、一段と程度が高いという意味で使われている。よって、③が適する。①は「心より」で一語。②、④、⑤は助詞である。

問10 ⑫段落に、「すべての人がこの不安に耐えられるわけではありません～早くわかって安心したいと、そう願う時、思考停止の危険な誘惑が待ち構えています」とある。また、⑬・⑭段落に、「神秘主義と思考停止がセットになると」「脳の柔軟性を生かすこともせずに、教義や理論を修正することなく受け入れ」てしまうと述べている。つまり、不安に耐えられなくなり、早く安心を手に入れたいという誘惑に勝てなかった人は、「思考停止の神秘主義に身を委ね」る。そして、その人の前に「人間の理性の範囲を超える領域について、何かを語る人が現れた」とすると、「脳の柔軟性を生かすこともせずに、教義や理論を修正することなく受け入れ」てしまう。よって、①が適する。②は「社会的に権力があるものを」が誤り。③は「客観的に優れているものを」が誤り。④は「未知のことにストレスを感じた人」が誤り。⑤は、「思考停止」とはむしろ逆の姿勢なので、適さない。

問11 　Y　の前後の、「『わからない』不安から逃げずに」や、「複雑さに耐える」、「時には、安定な思考停止に逃げ込むことも避けられない」などから考える。「人生も自然も宇宙もけっして単純では」ないのに、「わからない」不安や複雑さに耐えきれずに「安定な思考停止に逃げ込む」のは、単純で絶対的なものを信じて、そこに逃げ込み、疑い続けることをやめてしまうということである。よって、②の「懐疑」が適する。

問12 ここで引用されている「御言葉」には、「人生の全てが、決して単純ではないこと」「私たちは、複雑さに耐えて生きていかなければならないということ」を、読書が教えてくれるとある。複雑さに耐えられなくなった時、人は思考停止に逃げ込み、一人の人間に支配されてしまうかもしれない。⑱段落には、こうしたことを「常に警戒しておくことが重要」だとあり、そのために読書が必要であることを、この「御言葉」を引用することで示している。よって、②は適する。また、⑥の「人生が複雑で単純でないこと」については、「御言葉」に、読書がそれを教えてくれるとある。よって、⑥は適する。①は、「自然科学」「想像力を養う」などが誤り。この選択肢に書かれているのは、読書についての一般論だと推測される。③は、「新しい世界を認識するためには～重要である」が誤り。④は、「新しい言語手段を手に入れる必要がある」が誤り。⑤は、全体的に誤り。

問13 ①から⑩段落は、科学の累積性について書かれている。①から⑤段落では、科学の累積性という性質について述べ、⑥から⑩段落では、科学の累積性がもたらす様々な課題について述べている。⑪段落では、科学に対する人々の不安について説明し、⑫から⑮段落では、この不安に耐えられなくなった人々が、思考停止に陥ったり、一人の人間に支配されたりすること、つまり、不安に駆られた人々の行動について述べている。⑯段落以降では、こうした不安に耐え、逃げ出さないために行うべきことについて述べている。その中で最も具体的な行動として挙げられているのが、読書を行うことである。よって、④が適する。

2 **問1 X** 　X　の後に、熟した柿が落ちたとあるので、季節は秋であり、③が適する。　　**Y** 法師は仲間に、

「頭を射られたのだ」と言っている。文脈から、法師の頭の上に柿が落ちたと考えられるので、②が適する。

問2　ア．法師に頼まれて「首を切る」のは、法師の仲間。　イ．法師の言葉を聞いて手さぐりしたのは、法師の仲間。　ウ．法師を引き起こして連れて行こうとしたのは、法師の仲間。　エ．法師の言葉に従って首を切り落とそうとしたのは、法師の仲間。　オ．「頭の事ばかりを言っていた」のは法師。よって、⑤が適する。

問3　法師は、地肌に冷たくあたるものをさぐり、「なにとなくぬれぬれとありける(何だかぬらぬらとしていた)」のを血が出ていると勘違いし、自分は頭を射られたと思い込んでしまった。よって、⑤が適する。

問4　問3の解説にあるように、法師は、自分は頭を射られたと思い込んでしまった。現代語訳に、「すでに痛手を負って、とても逃げられそうにも思わないので」とあることから、②が適する。

問5　傍線部Cのあたりの現代語訳に、「そう(怪我をしている)であろうといってもたいしたことはあるまい。引き起こしていこう」とある。頭を射られたはずなのに、法師は普通に話をしている。その様子を見た仲間は、大丈夫そうだと思い、「たいしたことはあるまい」と励まし、連れていこうとしたと考えられる。よって、①が適する。

問7　傍線部Eの「これこれ言ったこと」は、法師が仲間に言った内容を指すので、④が適する。

問8　傍線部Fの前で、妻子は、頭を射られたはずの法師の頭に矢傷がないことに気づいた。そのため、どこに矢を受けたのかと不思議に思い、「身体に手傷を負ったのか」と仲間に尋ねたのである。よって、⑤が適する。

問9　傍線部Gの前で、仲間は、法師は頭の怪我のことばかりを言っていて、体に手傷はなかったと言った。それを聞いた妻子は、法師の頭に矢傷がないことと仲間の話から、法師は傷など負っていないにもかかわらず、頭を射られたと勘違いし、そのことが原因で死んだのだと気付いた。そして、勘違いで死んだのであれば無駄な死だったと思い、さらに悲しくなった。よって、③が適する。

問10　法師が、頭を射られたと勘違いするほど臆病でなければ、死ぬことはなかったことから、①が適する。

問11　①は、「怪我をして」などが誤り。②は「仲間同士で殺し合いをする」などが誤り。④は強盗に「最後まで勇敢に立ち向かった」などが誤り。⑤は、「宝物は手に入らなかった」などが誤り。よって、③と⑥が適する。

═《2022　理科　解説》═

1　問3　図1の状態から、抵抗器は1個のままで、電池を直列つなぎの2個にすると、電圧が2倍になるので、電流も2倍になり、電力は4倍になる。さらに、この状態から、抵抗器を並列つなぎで1個増やすと、2個目の抵抗器の電力は1個目と同じになるので、回路全体の電力は図1の8倍になる。時間が同じであれば、発生した熱量は電力に比例するので、$1000 \times 8 = 8000$(J)となる。

問4　焦点より近い位置に物体を置き、物体の反対側から凸レンズをのぞくと、実物よりも大きく、同じ向きの虚像が見える。物体を凸レンズから遠ざけていくと、虚像はだんだん大きくなる。

問5　〔密度(g/㎤)＝$\dfrac{質量(g)}{体積(㎤)}$〕より、この物体の密度は$\dfrac{18.0}{19.5}=0.92\cdots$(g/㎤)である。密度が異なるものを混ぜたとき、密度が大きいものは下に、密度が小さいものは上に移動するので、物体よりも密度が小さいエタノールには沈むが、物体よりも密度が大きい水と水銀には浮く。

問6　表1より、炭酸カルシウム1.00gが反応すると0.32gの気体が発生し、うすい塩酸15mLが反応すると1.12gの気体が発生することがわかる。よって、うすい塩酸15mLとちょうど反応する(1.12gの気体を発生させるのに必要な)炭酸カルシウムは$1.00 \times \dfrac{1.12}{0.32}=3.5$(g)だから、3.5gの2倍の7.0gの炭酸カルシウムとちょうど反応するうすい塩酸は15mLの2倍の30mLである。

問7　デンプンはブドウ糖、タンパク質はアミノ酸、脂肪は脂肪酸とモノグリセリドに分解される。ブドウ糖とア

ミノ酸は小腸の柔毛から毛細血管へと吸収され，脂肪酸とモノグリセリドは柔毛に吸収された後，再び脂肪となってリンパ管へと入る。

問8 図4で，黒色の染色体をa，白色の染色体をbとする。AとBの有性生殖では，Aがつくる精細胞の染色体はaのみ，Bがつくる卵細胞の染色体はaかbだから，Cの体細胞の遺伝子の組み合わせは，aaかabである（AかBのどちらかと同じ）。また，Dは無性生殖（栄養生殖）によって得られたものだから，体細胞の遺伝子の組み合わせは，元の個体であるBとまったく同じになる。

岩石の色	黒っぽい	←→	白っぽい
マグマの ねばりけ	小さい	←→	大きい
火山岩 （斑状組織）	玄武岩	安山岩	流紋岩
深成岩 （等粒状組織）	はんれい岩	せん緑岩	花こう岩

問9 右表参照。つくりの違いから，AとBは等粒状組織の深成岩，Cは斑状組織の火山岩だとわかる。また，黒っぽい火成岩ほど，セキエイや長石などの無色鉱物が含まれる割合が小さい。なお，深成岩はマグマが地下深くでゆっくり冷やされてでき，火山岩はマグマが地表付近に急に冷やされてできる。

問10 ①×…太陽系の惑星は太陽に近いところから，水星，金星，地球，火星，木星，土星，天王星，海王星の順に並んでいる。　②×…地球に最も近づく惑星は金星である。また，位置関係によっては，水星や火星の方が金星よりも近いときがある。　③×…木星の公転の周期（1周するのにかかる時間）は11.86年だから，木星が1周する間に，地球は約12周する。　④×…地球と海王星を比べたとき，海王星の太陽からの距離は地球の約30倍だが，地球の密度は海王星の約3倍で，反比例の関係になっていない。　⑤○…地球，太陽，火星の順に一直線上に並ぶとき，火星が地球から最も遠い位置にくるから，1.00＋1.52＝2.52である。同様に考えて，金星が地球から最も遠い位置にくるときの金星までの距離は1.00＋0.72＝1.72だから，2.52÷1.72＝1.46…→1.5倍である。

2 **問1** 斜面上を下る台車の運動は，台車にはたらく重力の斜面に平行な分力がはたらくことで，速さがだんだん速くなるので，打点の間隔がだんだん広くなっていく。①ように，打点の間隔が等しいのは，等速直線運動をしているときである。

問2 ④○…台車が動き始めた直後は，台車の速さが非常に遅く，ある打点を打ってから次の打点を打つまでに台車がほとんど進まないため，打点が重なってしまう。

問3 60Hzの場所で行った場合，1秒間に60回打点する。よって，60打点分の長さが1秒間に進んだ距離（cm）を表し，その値がそのまま速さ（cm/s）になる。①のように，2打点分の長さを30倍にすると，2×30＝60（打点分）の長さになり，その2打点分を進んだときの平均の速さを求めることができる。

問4 ④○…きづちでたたいた瞬間，進行方向と同じ向きに力が加わることで速さが速くなる。水平面上では，空気抵抗や摩擦を考えなければ，きづちでたたいたとき以外は等速直線運動をする。

問5 ③○…斜面上にある台車には，台車にはたらく重力の斜面に平行な下向きの分力が常にはたらく。また，あらい斜面では，台車の進行方向と逆向きの摩擦力がはたらく。斜面をのぼるときは，あらい斜面の方が速さの減り方が大きく，斜面をくだるときは，なめらかな斜面の方が速さの増え方が大きい。また，なめらかな斜面では，重力の斜面に平行な下向きの分力だけがはたらくので，斜面をのぼるときとくだるときで，速さが減る割合と増える割合が等しくなる。また，グラフの折れ曲がり方に着目して②と③にしぼり，あらい斜面では力学的エネルギーが失われる（熱エネルギーなどに変換される）ことから，手で押してから最高点に達するまでの時間と，最高点から手で押したときと同じ運動エネルギー（速さ）になるまでの時間が同じにはならない（②ではない）と考えて，③を選ぶこともできる。

3 **問1** 水溶液中には，それぞれの名前にある金属のイオンが存在する。それぞれの水溶液に金属板を入れて，その表面に物質が付着したときには，金属板が電子を放出してイオンとなって水溶液中に溶け出し，水溶液中の金属イ

オンが電子を受け取って金属原子になったということだから，金属板の方がイオンになりやすいということである。よって，硫酸亜鉛水溶液にマグネシウム板を入れたときの結果から，マグネシウムは亜鉛よりイオンになりやすく（マグネシウム＞亜鉛），硫酸銅水溶液に亜鉛板を入れたときの結果から，亜鉛は銅よりイオンになりやすい（亜鉛＞銅）ことがわかるから，イオンになりやすい順に，マグネシウム＞亜鉛＞銅である。

問2　ウ×…セロハン膜を通って移動するのは，水溶液中のイオンである。　オ×…イオンへのなりやすさの差が大きいほど電圧が大きくなる。イオンになりやすい順に，マグネシウム＞亜鉛＞銅だから，亜鉛と銅の組み合わせより，マグネシウムと銅の組み合わせの方がイオンへのなりやすさの差が大きいので，電圧が大きくなる。

問3　問1より，亜鉛原子1個が電子2個を放出するから，a個の亜鉛原子が反応したとき，その2倍の2a個の電子が銅板に移動する。

問4　塩化銅水溶液に電流を流すと，陰極には銅が付着し，陽極では塩素が発生する〔$CuCl_2 \rightarrow Cu + Cl_2$〕。塩素は，特有の刺激臭があり，水に溶けやすく，漂白作用や殺菌作用があり，黄緑色の気体である。なお，石灰水を白く濁らせるのは二酸化炭素である。

問5　問4解説の化学反応式より，反応にかかわる銅原子と塩素原子の数の比は1：2であり，銅原子1個と塩素原子1個の質量の比は16：9だから，反応にかかわる銅原子と塩素原子の質量の比は，16：（9×2）＝8：9である。陰極に付着した銅の質量が0.96gだから，陽極で発生した塩素の質量は$0.96 \times \frac{9}{8} = 1.08$（g）である。

4　問1　③の条件で水が減少すれば，それが蒸散以外による水の減少量だから，その減少量を表1の結果から引いて，それぞれの試験管における蒸散による水の減少量として考えればよい。

問2　ワセリンをぬると，水蒸気の出口である気孔がふさがれるから，蒸散が起こった場所は，Aが葉の表側と裏側と茎，Bが葉の裏側と茎，Cが葉の表側と茎である。よって，B＋C－A＝6.5＋3.0－9.0＝0.5（㎤）が茎からの蒸散量だから，葉全体（葉の表側と裏側）からの蒸散量はA－0.5＝9.0－0.5＝8.5（㎤）である。

問3　問2解説より，葉の裏側からの蒸散量はB－0.5＝6.0（㎤），葉の表側からの蒸散量はC－0.5＝2.5（㎤）と求められる。よって，蒸散量が多い葉の裏側の方が，水蒸気の出口である気孔が多く存在すると考えられる。

問4　葉脈が網状脈であることから，ホウセンカは双子葉類だとわかる。双子葉類の茎の断面では，維管束が輪状に並び，水を運ぶ道管は維管束の内側を通る。

== 《2022　英語　解説》 ==

1　1　「ベスは私の父の妹です。彼女は私の おば（＝aunt）です」より，②が適当。

2　A is one thing and B is another.「AとBは別物である」より，②が適当。

3　彼女のコンピュータと私のコンピュータを比較するので，所有代名詞の④mine「私のもの」が適当。

4　「そんな流れの速い川を泳ぐのは（　　）である」より，②「危険な」が適当。①「自然な」，③「ちがった」，④「安い」，⑤「高価な」は不適当。

5　Let's ～「～しましょう」の付加疑問は shall we ～?である。⑤が適当。

6　feel free to ～「遠慮なく～する」より，⑤が適当。

7　give＋もの＋to＋人「（人）に（もの）をあげる」より，③が適当。

8　interested「（人が）興味がある」と interesting「（ものが）興味深い」を使い分けられるようにしよう。②が適当。　・find A B「AがBだとわかる」

9　主語が三人称単数で現在形だから，動詞に s を付ける。②が適当。　　・water「水をやる」

10　2 文をつなぐ接続詞を入れる。「私が奈良にいた とき（＝When) 多くの寺や神社を訪れました」より，②が適当。

2　11　A five-minute walk from the station brought us to the new sports center. :　・bring＋人＋to＋場所「（人）を（場所）へ連れてくる」

12　Gandhi is greatly respected by many people because he fought against discrimination. :
・fight against ～「～に対して戦う」

13　Would you like me to take your picture? :　・Would you like me to ～?「私が～しましょうか?」

14　The food which they stored for the winter was sometimes eaten by rats. : 不足する語はない。なお，stored away としてもよい。

15　He has been sleeping like a log since this morning. : 不足する語はない。　　・sleep like a log「熟睡する」

3　【本文の要約】参照。

【本文の要約】

問1　アメリカの家を訪れたことはありますか?それらはとても異なっています。アメリカの多くの家はとても古いです。　中には 100 年以上前に建てられたものもあります。 16③取り除く文家の中で靴を脱ぐ必要はありません。 ほとんどの人は古い家を壊して新しい家を建てるのが好きではありません。かわりに，古い家を修理して，それらに住み続けています。多くの人が自分で壁を塗ります。

問2　昔，イギリスでは危険な試合が行われていました。 17①取り除く文サッカーとラグビーは学生たちによって行われていました。 この試合は 100 人で行いました。2 つのチームが2 つのゴールを目指しました。ゴールは街の両側にありました。選手たちは勝つために町の反対側にボールを置かなければなりませんでした。この試合は選手が暴力に訴える可能性があったため，危険でした。後に，人々を安全に保つための新しいルールが作られました。このスポーツはサッカーになりました。

問3　コンピュータで何ができるでしょう?

　第一に，私たちはそれらを使ってより簡単に文章を書くことができます。単語や文章をより簡単に変更できます。段落全体を1 つの場所から別の場所に移動できます。終了したらプリンターで印刷できます。数分でたくさんのページを印刷できます。 18③取り除く文第二に，コンピュータは約 70 年前に作られました。 また，海外へのメールの作成や送信も迅速に行えます。手紙を送るのに約1 週間かかるからです。そしてそれは高価ではありません。これは，電子メールまたはEメールと呼ばれます。

4　【本文の要約】参照。

19　直後の「食品ビジネス」より，⑤「どんな種類のビジネス?」が適当。

20　〈省略可能な関係代名詞（which/that）＋語句〉が後ろから food を修飾する形。直前の段落の2 人の共通点が「食べ物が好きである」という話を受けて，①「彼らが大好きな」が適当。

21　逆接の接続詞である③But「しかし」を選ぶ。

22　直後に that があるので，〈so … that＋主語＋動詞〉「とても…なので～」の文だと判断する。「店の前の地面で寝てしまった」という内容から，⑤「あまりに疲れていたので」が適当。

23　会社の規模が大きくなっていく部分。④「最初に」が適当。

24　前後の内容から，人々が Ben and Jerry's のアイスが好きな理由は，製品の魅力以外にも，ただ利益を追求する他の会社と違い，農業経営者や若者の支援に尽力する企業理念にあると考えられる。②が適当。

　ベン・コーエンとジェリー・グリーンフィールドはどちらもニューヨーク州メリック出身です。彼らは良い友達でした。大学卒業後，彼らは一緒にビジネスを始めたいと思っていました。 A⑤どんな種類のビジネスでしょうか？（＝What kind of business?）もちろん食品ビジネスです。ベンとジェリーは多くの点で異なっていましたが，１つの共通点がありました。どちらも食品が好きでした！

　 B①彼らが大好きだった（＝they liked very much）食品はアイスクリームでした。彼らはアイスクリームショップを開きたかったのです。アイスクリームショップに適した場所はどこだったのでしょう？彼らは多くの都市や町を調べました。それから彼らはバーモント州バーリントンに行きました。彼らはその町がとても気に入りました。そこにはたくさんの若者がいて，おいしいアイスクリームショップはありませんでした。バーリントンには１つだけ問題がありました。１年のうちの５か月間，そこはとても寒かったのです。人々は寒い日にアイスクリームを買ったのでしょうか？

　1978 年５月５日，ベンとジェリーはアイスクリームショップをオープンしました。小さなお店で，あまり綺麗ではありませんでした。 C③しかし（＝But）アイスクリームはとてもおいしかったです。オープンの日にはたくさんの人がアイスクリームを食べに来ました。彼らは何度も何度も食べに来てくれました。店内にはいつもたくさんの人がいました。ベンとジェリーは一生懸命働きました。ある夜，仕事のあとにベンは D⑤あまりに疲れていたので（＝so tired that），店の前の地面で眠りについてしまいました！

　数ヶ月後，ベンとジェリーは銀行に行きました。彼らには悪い告知がありました。彼らの銀行口座にはほんの数ドルしかありませんでした。

　「これはどういうことだろう？」彼らは尋ねました。「ここ数ヶ月必死に働いたのに！」

　それから彼らはビジネスについて学び始めました。彼らは費用，マーケティング，および売上について学びました。彼らは盛大なアイスクリームパーティーを開催することを始めました。彼らは無料のアイスクリームを提供する日を作りました。他の都市の人々はベンとジェリーのことを耳にし，遠くからアイスクリームを食べにきました。

　ベンとジェリーはもっとアイスクリームを作り，それらを店やレストランに売り始めました。 E④最初に（＝First）彼らはバーモント州の店やレストランに行きました。それから彼らはアイスクリームを全米の店に売り始めました。1988 年には全米でアイスクリームを販売していました。数年後，人々はカナダ，イスラエル，そして多くのヨーロッパ諸国でも彼らのアイスクリームを購入できるようになりました。

　なぜ人々はベンとジェリーのアイスクリームを買うのでしょうか？まず第一に，それはとてもおいしいアイスクリームだからです。バーモント州の牛乳で作られ，化学製品は一切含まれていません。

　人々はその会社も好きなので，ベンとジェリーのアイスクリームを購入しています。当初より，ベンとジェリーは彼らの会社を F②他とは違うもの（＝to be different）にしたいと望んでいました。彼らはただたくさんのお金を稼ぎたいだけではありませんでした。彼らは人助けもしたかったのです。Ben and Jerry's は今では非常に大きくなりましたが，まさに人々を助けています。バーモント州の農場経営者をサポートしています。この会社は彼らから牛乳を大量に購入することで農場経営者により多くの仕事を提供しています。同社はまた，若者に多くの仕事を提供しており，利益の 7.5％ を世界中の子どもや病気の人々を助けるために寄付しています。

5　25　【本文の要約】参照。

　　直後の「スポーツをしたい生徒は校外のスポーツクラブに所属しています」という内容から，③が適当。

　　26　表１より，⑤が適当。

　　27　付加疑問文（＝「ですよね？」と念を押したり，同意を得たりする文）では，肯定文には否定の，否定文には肯

定の付加疑問をつけるので，①と②は入らない。念を押す言い回しの④が適当。

28　否定文では，too のかわりに①either を使う。

29　... Australia, I will show you how to play it, so .... ：・show＋人＋こと／もの「(人)に(こと/もの)を見せる」
・how to ～「～の方法」

【本文の要約】

こんにちは，みなさん。本日は，オーストラリアにある私の学校の生徒が参加しているスポーツクラブについてお話しします。実は私の学校にはスポーツクラブ ①③がない(＝no) ので，スポーツをしたい生徒は校外のスポーツクラブに所属しています。

さて，表１と表２を見てください。これらは各スポーツクラブの生徒数を示しています。生徒数から判断すると，②⑤サッカー(＝soccer) は私の学校の男女両方に最も人気のあるスポーツです。

男子の場合，２番目は ③⑤オーストラリアンフットボール(＝Australian football)，３番目は ④⑤クリケット(＝cricket) です。日本では，この２つのスポーツをやっている学生は少ないそうです ⑤④ね(＝right)？しかしオーストラリアでは，多くの学生がそれらを楽しんでいます。

女子の２番目はネットボールです。それ ⑥①も(＝either) 多くの日本人学生はやらないそうですが，70 か国以上でプレイされています。実は私はネットボールをやっています。あなたがオーストラリアに来るとき，やり方をお見せしましょう，そうすれば，一緒に楽しめます。

これで私のプレゼンテーションを終わります。ご清聴ありがとうございました。質問があれば，私に聞いてください。

6【本文の要約】参照。

30　「この話の主な考えは何ですか？」…①「音楽選びは友達に影響されます」が適当。

31　前後の内容から，⑤「～だけ」が適当。

32　①「～によると」　②「～のかわりに」　③「～の前に」　④「～までは」　⑤「～の場合は」

33　... natural shortcut is to listen to what other people are listening to. ：what「～するもの」は先行詞を含む関係代名詞で the thing which ～「～なもの」に置き換えることができる。　・listen to ～「～を聴く」

34　直前の文の内容より，③が適当。理由は so の前や because の後にあることが多い。

35　let＋人＋動詞の原形「(人)に～させる」より，①が適当。

36　インターネットの情報の影響が大きいことを表す１文。④が適当。

37　ヒット曲を作るのは曲の質ではないという主旨の話だから，「もしそうだとすると，あなたは再考しなければなりません」が入るのはイが適当。

38　①「研究の参加者は×20 歳以上でした」　②「この研究には×48 の異なるグループがありました」　③「研究の曲は参加者に×知られていました」　④○「１つのグループは，各曲のダウンロード数を確認できました」
⑤「ダウンロード数は×10 代の少年少女によってでっちあげられたものでした」

【本文の要約】

とある曲が人気のヒット曲になるのはなぜでしょう？ヒット曲は素晴らしい曲だから人気があると思いますか？ ィもしそうだとすると，あなたは再考しなければなりません。ヒット曲は，聴き手が他の人の考えを気にすることで人気になると研究者は言います。ほとんどの聴き手にとって，曲の質はそれほど重要ではありません。

最近のオンライン調査では，私たちがどのように音楽を選ぶかを調べました。それは，曲の人気が私たちの選択に影響を与えることを示しました。言い換えれば，私たちは友達が楽しんでいる音楽を聴きたいのです。この研究では，研

究者は 14000 人の 10 代の少年少女に知られていない 48 曲のリストを提供しました。生徒たちはいくつかの曲を聴いて評価しました。参加者は嫌いな曲に星を 1 つ付け，とても気に入った曲に星を 5 つ付けました。

研究者たちは参加者を 2 つのグループに分けました。最初のグループは曲のタイトルとバンドの名前 ₐだけ（＝only）を見ました。彼らは曲の名前やバンドの名前が面白そうだという理由で，曲を評価しました。曲を聞いたあと，参加者はそれを星の数で評価しました。

<u>38④10 代の少年少女の 2 つ目のグループは，追加情報を受け取りました。</u>このグループは，各曲のダウンロード数も確認できました。ダウンロード数の多い曲はとても人気があるかのように見えました。10 代の少年少女は，これらの曲が友達のお気に入りだと思いました。しかし，各曲のダウンロード数は研究者たちがでっちあげたものでした。ダウンロード数が最も多い曲は本当に人気があるわけではありませんでした。実際，音楽の専門家①によると（＝according to），これらの曲はあまり良くありませんでした。

2 つ目のグループの参加者はたいてい，ダウンロード数が最も多い曲に最も多くの星を付けました。彼らはこれらの曲が友達に人気があると思いました。彼らは曲の質には興味がありませんでした。彼らはただ友達が好きな曲を聴きたかっただけです。

では，なぜ参加者は人気があるらしい曲に最も多くの星を付けたのでしょうか？この研究の著者の 1 人，ニューヨークにあるコロンビア大学の研究者である Matthew Salganik は，次のように述べています。「この場合の 48 もの曲のように，人々は多すぎる選択肢に直面しています。それらをすべて聴くことはできないので，他の人が聴いているものを聴くのが自然な近道です。それが現実の世界で起こっていることだと思います」

Salganik はまた，人々は他の人が何を聴いているのか知りたがっていると言っています。彼は，人々は音楽や本について友達と話し合ったり共有したりするのを楽しんでいると言っています。したがって，人気のある本や曲が必ずしも高品質である必要はありません。ₐただ（＝only）誰かがそれを楽しんでいるということだけ必要です。次に，これらの人々は彼らの友達に影響を与えます。そしてすぐに，曲や本の人気が広がります。ひょっとしたら，それは大ヒットになるかもしれません。

今日，インターネットによって人々は直ちに映画，本，音楽についての意見①を共有する（＝share）ことができるようになっています。人々はソーシャル・ネットワーキング・サイトに音楽について書いたり，インターネットにコメントを投稿したり，読者の批評を読んだりします。インターネットでは，何人の人が本を購入したり，曲をダウンロードしたりしたか簡単に見ることができます。ひょっとしたら1)④こういった情報（＝this information）は2)④私たちが思う（＝we think）より私たちの選択に大きな影響を与えているかもしれません。

═《2022　社会　解説》═

1　問1　②　　Aさんのいる場所は日本と 12 時間の時差があることから，西に 15×12＝180（度）進んだ，西経（180－135）度＝西経 45 度あたりである。Bさんのいる場所は日本より 1 時間進んでいるから，東に 15 度進んでいる。Cさんはサマータイムで 8 時間の時差があるから，サマータイムがなければ 9 時間の時差になるので，日本から西に15×9＝135（度）進んでいる。以上のことから，Aさんはリオデジャネイロ，Bさんはシドニー，Cさんはロンドンにいる。

問2　④　　Aは，「鉄鉱石の産地」とあることからブラジル・オーストラリアのどちらかである。次に自動車・航空機とあることからブラジルにしぼれる。Bは，石炭・鉄鉱石・イギリスが輸出入額 1 位の相手国からオーストラリアである。Cは石炭資源（ルール炭田）と水運（ライン川）に恵まれた地方で，とあることからドイツと判断する。

Dは世界有数の産油国であることからサウジアラビアである。

問3　④　1980年代以降，マレーシア・タイは工業化に成功し，機械類の輸出量が増えている。①は南アジア，②はアメリカ合衆国，③はアフリカについて述べている。⑤は，日本・中国・韓国はASEANに加盟していないので誤った文である。

問4　①　「奄美大島，徳之島，沖縄島北部及び西表島」は世界自然遺産に登録された。②と④と⑤は世界文化遺産，③は世界自然遺産と世界文化遺産の両方に登録された複合遺産である。

問5　⑤　日本海側の金沢は，冬の降水量が多い。瀬戸内地方の高松は，比較的温暖で1年を通して降水量が少ない。以上のことから，金沢がE，高松がDと判断する。Aは釧路，Bは名古屋，Cは那覇の雨温図である。

問6　③　流水のはたらきによって土砂が運搬されると，粒のあらいものから堆積し，粒の細かいものほど河口付近まで運ばれる。そのため，河川が山地から平地に出る部分では，水はけのよい扇状地ができ，河口付近には水もちのよい三角州ができる。

問7　④　主曲線が10mごと，計曲線が50mごとに引かれていることから，この地形図の縮尺は25000分の1である。アの付近には茶畑（∴）が見られる。果樹園の地図記号は（Ⓞ）である。また，イ地点は550m，ウ地点は400mの計曲線が通っているから，標高差は150mである。地形図では，山頂から等高線が張り出している部分が尾根，山頂側にへこんでいる部分が谷になる。

2　問1　③　シャカが仏教を開いたのはインドだから①は誤り。仏教は東南アジア（タイ・カンボジアなど）に伝わったから②は誤り。7世紀に成立したイスラム教が3世紀に存在するはずがないから④は誤り。同様に⑤も誤り。また，神の恵みに感謝し，互いに助け合わなければならないとする教えはイスラム教ではなくキリスト教である。

問2　③　蘇我馬子の時代に即位した女帝は，天智天皇ではなく推古天皇だから①は誤り。十七条の憲法は，天皇ではなく役人の心構えを示したものだから②は誤り。小野妹子は，遣唐使ではなく遣隋使として派遣されたから④は誤り。飛鳥寺は，聖徳太子ではなく蘇我馬子によって建てられたから⑤は誤り。

問3　①　班田収授法では，6年ごとにつくられる戸籍をもとに6歳以上の男女に口分田を与え，収穫した稲の約3％を租として納めさせた。口分田が不足すると，朝廷は，三世一身の法や墾田永年私財法を制定し，新たな土地を開くことを農民にすすめた。この私有地が後の荘園に発展していった。

問4　②　平将門の乱（939年頃）→道長の摂政就任（1016年）→保元の乱（1156年）→清盛の太政大臣就任（1167年）

問5　②　①有田焼は，安土桃山時代の朝鮮出兵で連れられてきた朝鮮陶工によって江戸時代初頭に始められた。③菱垣廻船は，江戸時代に大阪と江戸を結ぶ南海路で利用された。④室町時代には，日本で貨幣は造られていなかった。⑤博多織や西陣織は，綿織物ではなく絹織物である。

問6　④　ボッティチェリの「春・プリマヴェーラ」と呼ばれる作品である。コペルニクスは地動説を唱えた天文学者。ガリレイは地動説を支持し，振り子の等時性・木星の衛星などを発見した天文学者。ルターは宗教改革をした宗教家。マゼランは，艦隊が世界一周に成功した冒険家。

問7　③　織田信長の「天下布武」の印章である。③以外はどれも豊臣秀吉の記述である。

問8　①　左から2人目が伊藤博文である。②は大久保利通，③は西郷隆盛，④は岩倉具視，⑤は板垣退助。

問9　⑤　全国水平社は，1922年に京都で創立大会を開いた，部落解放を目指す結社である。新婦人協会は，平塚らいてうや市川房枝らが，女性の政治的社会的権利を獲得するために結成した組織。青鞜社は，平塚らいてうが設立した女流文学社。日本農民組合は，日本初の全国規模の農民組合の組織。日本社会主義同盟は，社会主義者の統一組織である。いずれも明治時代末期から大正時代に結成された。

問10　②　　二十一か条の要求(1915年)→三・一独立運動(1919年3月)→五・四運動(1919年5月)→中国国民党による南京国民政府樹立(1927年)

問11　①　　佐藤栄作首相は，非核三原則を提唱した。1960年代に全国で公害問題が起きると，1967年に公害対策基本法が制定され，1971年に環境庁が設立された。その後，公害対策基本法は環境基本法に発展し，環境庁は環境省に格上げされた。大阪万博は，1970年に大阪府で開催された。シンボルとして岡本太郎の太陽の塔が知られる。

3　問1　⑤　　住民投票には基本的に法的拘束力はないから①は誤り。条例の制定の請求は有権者の50分の1以上の署名を首長に提出するから②は誤り。地方公共団体の首長は直接選挙で選ばれるから③は誤り。地方交付税交付金は，使い道を指定されずに国から配分される財源だから④は誤り。使い道を指定されるのは，国庫支出金。

問2　④　　各党の獲得議席数は右表を参照。ただし，表中の白抜き丸番号は当選順位を表す。

	A党	B党	C党	D党
得票数	1500	1200	700	650
得票数÷1	1500❶	1200❷	700❹	650❺
得票数÷2	750❸	600❻	350	325
得票数÷3	500❼	400❽	233	216
得票数÷4	375	300	175	162

問3　③　　日本の内閣は法案を提出でき，アメリカ大統領は法案を提出できないから①は誤り。日本の議会(衆議院)には，内閣不信任の決議権があり，アメリカの議会には大統領の不信任決議権はないから②は誤り。アメリカの大統領は，長官を議員以外から選ぶから④は誤り。大統領は直接民主制に近いが，日本の首相は，国会議員が選ぶ代議制だから⑤は誤り。

問4　③　　需要曲線は買いたい量を示しているから，需要曲線が左にシフトするということは，買いたい量が減る，言い換えると人気がなくなるということである。

問5　①　　労働基準法では，労働は1日8時間以内，1週間に40時間以内と定められ，解雇通知は30日前までにしなければならないとある。これらは労働者を保護するためのものである。

問6　①　　日本では，火力発電が全体の8割近く，再生可能エネルギーによる発電は18％程度だから②は誤り（ただし，再生可能エネルギーに水力発電を含む）。地球温暖化や環境破壊の問題から，プラスチックごみを減らす運動が進んでいるから③は誤り。途上国の農産物や製品を，公正な価格で貿易し，先進国の人々が購入するのは，マイクロクレジットではなくフェアトレードだから④は誤り。ハラル認証はヒンドゥー教徒ではなくイスラム教徒のためのものだから⑤は誤り。

問7　②　　安全保障理事会の常任理事国は，アメリカ・ロシア・イギリス・フランス・中国だから①は誤り。国連難民高等弁務官事務所はUNCTADではなく，UNHCRだから③は誤り。UNCTADは国連貿易開発会議の略称。国際連盟の本部はスイスのジュネーブにあったから④は誤り。日本の国際連合加盟は，日ソ共同宣言(1956年)に調印した後だから⑤は誤り。

4　問1　④　　賠償金の支払いをすることになった条約はベルサイユ条約だから①は誤り。ドイツは，ロシアと不可侵条約を結び，ポーランドに侵攻したことで第二次世界大戦が始まったから②は誤り。ベルリンは，夏は涼しく冬の寒さが厳しい冷帯気候で，混合農業が営まれているから③は誤り。EUを離脱したのはイギリスだから⑤は誤り。

問2　⑤　　ドイツは，アメリカを中心とした資本主義諸国側の西ドイツと，ソ連を中心とした社会主義諸国側の東ドイツに分裂した。よって，ソ連についての記述の⑤を選ぶ。

問3　③　　東ドイツは社会主義だったから①は誤り。マルクスは，資本主義は行き詰まり社会主義が実現されると説いたから②は誤り。資本主義経済のもとでは，生産活動全体は私企業によって行われるから④は誤り。労働力が商品として売買され，その主要な買い手が企業であるのは，社会主義経済ではなく資本主義経済だから⑤は誤り。

★ 名 城 大 学 附 属 高 等 学 校

═══════════════ 《数　学》 ═══════════════

1　ア.② 　イ.⑦ 　ウ.② 　エ.⑤ 　オ.① 　カ.⑧ 　キ.② 　ク.③ 　ケ.④ 　コ.⊖
　　サ.① 　シ.② 　ス.④ 　セ.⑧ 　ソ.⓪ 　タ.⑦ 　チ.⊖ 　ツ.② 　テ.⑧

2　ア.⊖ 　イ.② 　ウ.② 　エ.⊖ 　オ.① 　カ.④ 　キ.⊖ 　ク.⑥ 　ケ.⊖ 　コ.⑨
　　サ.⑥

3　ア.① 　イ.① 　ウ.⑧ 　エ.② 　オ.⑨

4　ア.⑤ 　イ.⑥ アとイは順不同 　ウ.⑤ 　エ.⑥ 　オ.③ 　カ.① 　キ.④ 　ク.②

5　ア.④ 　イ.⓪ 　ウ.⑤ 　エ.① 　オ.⑤ 　カ.② 　キ.⓪ 　ク.①

═══════════════ 《国　語》 ═══════════════

1　1.④ 　2.② 　3.⑤ 　4.① 　5.④ 　6.③ 　7.② 　8.⑤ 　9.③ 　10.①
　　11.③ 　12.⑤ 　13.② 　14.④ 　15.① 　16.③ 　17.⑥ 16と17は順不同 　18.② 　19.④
　　20.④ 　21.③ 　22.⑥ 21と22は順不同 　23.③

2　24.① 　25.⑤ 　26.② 　27.③ 　28.④ 　29.③ 　30.① 　31.③ 　32.②
　　33.⑤ 32と33は順不同 　34.①

═══════════════ 《理　科》 ═══════════════

1　1.② 　2.① 　3.⑤ 　4.② 　5.⑤ 　6.③ 　7.③ 　8.② 　9.④ 　10.②

2　11.③ 　12.⑤ 　13.④ 　14.⑤ 　15.④

3　16.⑤ 　17.⑤ 　18.② 　19.① 　20.④

4　21.⑤ 　22.② 　23.① 　24.④ 　25.③

═══════════════ 《英　語》 ═══════════════

1　1.① 　2.④ 　3.③ 　4.② 　5.④ 　6.④ 　7.④ 　8.③ 　9.⑤ 　10.①

2　11.① 　12.⑤ 　13.① 　14.④ 　15.⑤

3　16.③ 　17.⑤ 　18.④

4　19.⑤ 　20.② 　21.① 　22.② 　23.① 　24.①

5　25.① 　26.③ 　27.② 　28.② 　29.③ 　30.⑤

6　31.① 　32.② 　33.⑤ 　34.④ 　35.⑤ 　36.⑤ 　37.② 　38.① 　39.①

═══════════════ 《社　会》 ═══════════════

1　1.⑤ 　2.④ 　3.① 　4.② 　5.④ 　6.① 　7.④

2　8.⑤ 　9.③ 　10.④ 　11.③ 　12.① 　13.⑤ 　14.④ 　15.③ 　16.① 　17.④
　　18.②

3　19.④ 　20.③ 　21.③ 　22.⑤ 　23.③ 　24.② 　25.⑤

4　26.④ 　27.② 　28.③

←解答は前のページにありますので，そちらをご覧ください。

=《2021　数学　解説》=

1　(1)　与式$=-\dfrac{5}{4}\times(-\dfrac{3}{5})^3\times(\dfrac{5}{15}-\dfrac{9}{15})^2\times\dfrac{15^2}{4}=-\dfrac{5}{4}\times(-\dfrac{27}{125})\times\dfrac{4^2}{15^2}\times\dfrac{15^2}{4}=\dfrac{27}{100}\times4=\dfrac{27}{25}$

(2)　与式$=(1-2\sqrt{2}+2)+\dfrac{\sqrt{2}}{3}+(2+2\sqrt{2}+1)=6+\dfrac{\sqrt{2}}{3}=\dfrac{18+\sqrt{2}}{3}$

(3)　【解き方】-6と2が解であるxの2次方程式でx^2の係数が1の式は，$(x+6)(x-2)=0$である。

左辺を展開すると，$x^2+4x-12=0$より，a＝4，b＝-12

(4)　【解き方】$2021=43\times47$より，$\sqrt{2021+47n}=\sqrt{47(43+n)}$と表せる。

$\sqrt{47(43+n)}$を自然数にするnの値は，mを自然数として，$43+n=47m^2$と表せる。n$=47m^2-43$

最小の自然数nは，m＝1のときの，n$=47\times1^2-43=4$

(5)　【解き方】右図のように記号をおいて，二等辺三角形の性質，平行線の性質を利用する。

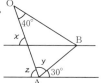

△OABはOA＝OBの二等辺三角形だから，$\angle y=\dfrac{180°-40°}{2}=70°$

$\angle z=180°-\angle y-30°=180°-70°-30°=80°$

平行線の同位角は等しいから，$\angle x=\angle z=80°$

(6)　【解き方】資料の個数が10個の資料の中央値は，資料を大きさの順に並べたときの5番目と6番目の平均値となる。

9つの資料を大きさの順に並べると，0，1，3，4，4，6，6，9，12となり，9つの資料の中での5番目は4，6番目は6になっている。この状態が変わらなければ中央値は5になるので，消失したデータは6以上であればよい。よって，6，7，8，9，10，11，12の7通りの可能性がある。

(7)　【解き方】与式を$x-y$で表すことができないかを考える。

与式$=x^2-2xy+y^2-10x+10y-3=(x-y)^2-10(x-y)-3$としてから，$x-y=5$を代入すると，

$5^2-10\times5-3=25-50-3=-28$

2　(1)　【解き方】点Aと点Bの座標をaで表して，ABの傾きが-1であることから，aの値を求める。

点Aは双曲線上の点で，x座標が-1だから，y座標は$y=-a$より，A$(-1,-a)$

点Bも双曲線上の点で，x座標が2だから，y座標は$y=\dfrac{a}{2}$より，B$(2,\dfrac{a}{2})$

ABの傾きは，$\{\dfrac{a}{2}-(-a)\}\div\{2-(-1)\}=\dfrac{a}{2}$と表せるから，$\dfrac{a}{2}=-1$が成り立ち，a$=-2$

これによって，A$(-1,2)$，B$(2,-1)$とわかり，放物線②がAを通るので，$2=b\times(-1)^2$より，b＝2

放物線③がBを通るので，$-1=c\times2^2$より，c$=-\dfrac{1}{4}$

(2)　【解き方】右図のように，AC//PBとなる点Pを考えれば，△ABC＝△APCとなる。また，放物線$y=mx^2$上にあるx座標がdとeの2点を通る直線の傾きは，$m(d+e)$となることを利用する。

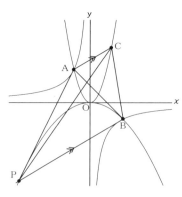

点Cのy座標は$\dfrac{9}{2}$だから，$\dfrac{9}{2}=2x^2$より，$x^2=\dfrac{9}{4}$　　$x=\pm\dfrac{3}{2}$

$x>0$より，$x=\dfrac{3}{2}$　　C$(\dfrac{3}{2},\dfrac{9}{2})$

放物線$y=2x^2$の比例定数とA，Cのx座標から，直線ACの傾きは，

$2(-1+\dfrac{3}{2})=1$だから，直線PBの傾きも1になる。

点Pのy座標をtとするとき，$y=-\dfrac{1}{4}x^2$の比例定数とP，Bのx座標

から，直線ＰＢの傾きは$-\frac{1}{4}(t+2)$と表されるので，$-\frac{1}{4}(t+2)=1$が成り立つ。$t+2=-4$　　$t=-6$

点Ｐのy座標は，$y=-\frac{1}{4}\times(-6)^2=-9$だから，Ｐ$(-6,-9)$である。

⑶　【解き方】Ｐ$(-6,-9)$より，Ｌのy座標は-1から-9まで考えられ

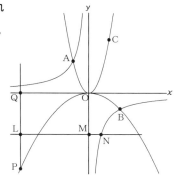

る。ＬＭの長さ→ＭＮの長さ→Ｎのy座標→Ｌのy座標→ＬＰの長さ→時間，

の順に求める。

ＬＭ$=0-(-6)=6$だから，ＬＭ：ＭＮ$=9：1$より，ＭＮ$=\frac{1}{9}$ＬＭ$=\frac{2}{3}$

これは点Ｎのx座標を示すので，$y=-\frac{2}{x}$に$x=\frac{2}{3}$を代入すると，

$y=-2\div\frac{2}{3}=-3$　　　y座標が整数になるので，格子点としてあてはまる。

よって，Ｌのy座標は-3だから，ＬＰ$=-3-(-9)=6$

点Ｌが点Ｐを出発してから$6\div1=6$（秒後）のことである。

3 ⑴　【解き方】さいころを2回投げる確率の問題は6×6の表を利用する。

さいころを2回投げるときの目の組は全部で$6\times6=36$（通り）ある。

そのうち$3X-2Y=1$となる場合は，右表で○印をつけた2通りだから，

求める確率は，$\frac{2}{36}=\frac{1}{18}$

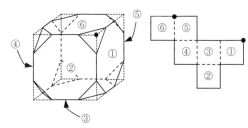

⑵　【解き方】Ｘは1以上6以下の整数だから，$10X+Y$の十の位は，

1から6まで考えられるので，10以上70以下で1から6だけの数字を

使った素数を考える。

10以上70以下で1から6までの数字だけを使った素数は，11，13，23，31，41，43，53，61の8通りある。

よって，求める確率は，$\frac{8}{36}=\frac{2}{9}$

4 ⑴　【解き方】できる立体は，立方体の8つの頂点から，合同

な三角すいを8つ取り除いたものである。

切り取った8つの三角すいのうち，底面がＡである三角すいの

頂点に●印を入れて，その点を展開図に書き込むと右の展開図

のようになる。よって，面Ａと隣り合う面①以外の面は，面⑤

と面⑥である。

⑵　【解き方】立方体の体積から，8つの合同な三角すいの体積を引けばよい。

右図は，立方体から切り取った8つの合同な三角すいの1つである。右図の直角を

含む面は直角二等辺三角形だから，$a：\sqrt{2}=1：\sqrt{2}$なので，$a=1$（cm）である。

したがって，立方体の1辺の長さは$1+\sqrt{2}+1=2+\sqrt{2}$（cm）になる。

1つの三角すいの体積は，$\frac{1}{3}\times(\frac{1}{2}\times1\times1)\times1=\frac{1}{6}$（cm³）だから，

求める体積は，$(2+\sqrt{2})^3-\frac{1}{6}\times8=(8+12\sqrt{2}+12+2\sqrt{2})-\frac{4}{3}=20+14\sqrt{2}-\frac{4}{3}=\frac{56}{3}+14\sqrt{2}$（cm³）

5 ⑴　曲線部分の長さの合計は，$400-80\times2=240$（m）であり，曲線部分は，直径をＡＢとする円周になるから，

円周率を3.0とすると，ＡＢ$=240\div3.0=80$（m）　　よって，ＯＡ$=$ＯＢ$=$ＰＣ$=$ＰＤ$=\frac{1}{2}$ＡＢ$=\underline{40}$（m）

ＡとＨは4レーン分離れているから，点Ａと点Ｈは，$1.25\times4=\underline{5}$（m）離れている。

ＯＨ$=$ＯＡ$+$ＡＨ$=40+5=45$（m）だから，ＯＨを半径とした半円の弧の長さは$(45\times2)\times3.0\div2=135$（m）に

なる。ＯＡを半径とした半円の弧の長さは$(40\times2)\times3.0\div2=120$（m）だから，5レーンの人は1レーンの人よ

り 135－120＝$\underline{15}$（m）多く走ることになる。

$\overset{\frown}{\text{HI}}$＝15mで，半径OH＝45mだから，∠HOI＝$x°$とすると，$(45×2)×3.0×\dfrac{x°}{360°}=15$ が成り立つ。

$x＝360×15÷270＝20$ より，∠HOI＝$\underline{20}°$

(2)　1レーンの曲率は$\dfrac{1}{40}$，5レーンの曲率は$\dfrac{1}{45}$だから，5レーンの曲率の方が小さいので，①が正しい。

《2021　国語　解説》

1　**問2 i**　お金をかけて専門外の本をたくさん買い、「ぼくならこれも読める、あれも読める」と自分自身を励まし、ふるい立たせているので、③が適する。　　**ii**　読みきれそうにない量の本を買うことについて「買うのは趣味で〜いまは趣味が高じている」と、無理やり説明しているので、②が適する。　　**iii**　学校では「本を読んで成長した」ことを求めるという事実が、ふだんの読書では、成長体験よりも「自己確認」「いまある自分をそのまま肯定してもらう」ことが中心になりがちだという事実を明らかにしている。よって、⑤が適する。

問3　「自己確認のための読書、過去形の読書」といえる読書について述べた部分を探す。筆者は「未来形の読書」について$\boxed{8}$段落で「理想の自己発見のための読書」だと述べている。一方、$\boxed{16}$段落では、読書に「自分を肯定してほしい」「自己確認をしたい」という側面があることを示している。理想の自己を発見することが「未来」だとすると、現状の自己を確認し肯定することはこれまでの「過去」に関わると考えられる。したがって「過去形の読書」は、$\boxed{16}$段落に書かれている「自己確認」のための読書を指すと考えられる。よって、③が適する。

問4　筆者は傍線部Aを「自分を鼓舞する気持ち」の表れだと考えている。また、$\boxed{1}$段落に「自分に関わりのない世界がこんなにもたくさんあると思いたくない」「ぼくならこれも読める、あれも読める」と思いたいとあり、$\boxed{3}$段落にも「専門外の本を買って、自分はこれだけ世界が広いと、自分自身に見栄を張る」とある。つまり筆者は専門外の本をたくさん買うことで、自分が関心を持つ世界は広いと自分自身に言い聞かせているので、①が適する。

問5　ここでの若さは年齢ではなく、「いまの自分に満足していない」という精神のありかたである。　X．「いまの自分に満足している若者」は、精神的には「若い」とはいえないので、「老人」が入る。　Y．「いつもいまの自分に不満を抱えている」のは、精神的には「若者」なので、「若者」が入る。　Z．「そういう『$\boxed{\text{ Z }}$』」が指すものは、「理想の自分へ『成長』しようともがく」者、つまり「いまの自分に満足していない」「若者」である。以上より、③が適する。

問6 Ⅰ　直前の「こうありたいと願っている未来形の自分」を、「いまよりは成長した自分」と言いかえているので、⑤が適する。　　**Ⅱ**　直前の「本はいつも過去に書かれている」に対して、「本はいつも未来からやってくる」という対照的な内容が続くので、②が適する。　　**Ⅲ**　直前にある、「未来の自分は自分自身で決めたい」「そこまで学校空間に縛（しば）られたくはない」と思っていることが、読書を強制されて「イライラする」理由にあたるので、④が適する。

問7　「古典を新しいと感じる」のは、「未来形の読書」をしているときである。未来形の読書とは「本の中に未来形の自分を探したい」と願って読むことなので、①が適する。

問8　「学校空間的なお説教」は、$\boxed{10}$段落にあるように、読む本を決めて「本を読みなさい」と強制することである。③は、取り組む人自身が勉強する科目を選べる。これは、$\boxed{10}$段落にある「読書の時間だけを決めてどんな本でも読んでいいことにする」というものに近く、強制の度合いが低い。そのため、「学校空間的なお説教」にあたらない。また、傍線部Cの直後に「学校空間は成長物語が好き」とある。⑥は、強制の度合いは強いが、それをすることで何か成長するわけではないので、「学校空間的なお説教」にあたらない。よって、③と⑥が正解。①②④⑤

は、「強制」と「成長」の要素が両方含まれているので、「学校空間的なお説教」にあたる。

問9　「信頼するということ」については、[11]段落に「相手に未来を預けること」とある。その具体例として先生が推薦してくれた本を読むことや、よりよい未来を生きるために「自分の秘められた『過去』を話すこと」を挙げているので、②が適する。①は「話ができる相手を探す」、③は「お互いに依存し合う」、④は「選択しきれない未来のことを～決定してもらう」、⑤は「お互いに未来の自分像を求めていく」が本文の内容に合わない。

問10　Sの「で」は、場所を示す格助詞なので、④が正解。

問11　[17]段落では、「新しい自分を発見すること」「未来形の自分を発見すること」を挙げて、それは「成長すること」だと述べている。傍線部E直前の「だからこそ」は、これを受けている。つまり、学校が「未来形の自己肯定を促す読書」を奨励するのは、その読書が「成長すること」につながるからである。また、少し後に「学校空間は成長物語が好き」「子供を成長させるのが学校空間の仕事」とある。よって、学校が「成長すること」を目指す点を捉えた④が適する。

問12　①[7]段落には、「あなたは思っているはずだ」と読者に向けた言葉がある。「『読書』と自分の関わり」について述べているのは[6]段落までなので、適さない。　②選択肢に「自分の～読もうとしていた」とあるが、[4]段落に「わかりもしないギリシャ哲学～ろくに読みもしないで」とあるので、適さない。　③[9]段落から「学校空間」について述べ始め、誰もが経験しそうなことや気持ちについて述べているので、適する。　④[11]段落には信頼している人から推薦された本を読んで「よかったと思うことがある」とあるが、「ほとんどの人が～思う」とは書かれていないので、適さない。　⑤[14]段落の「アマゾンのレビュー」などは「本をめぐる情報」の例の一つに過ぎず、難しい内容に親しみを持たせる効果は見られないため、適さない。　⑥ひらがなは、漢字よりもやわらかい印象を与える。また、「若さへの憧れを表したり」については、[5]段落にある「精神的な若さへの憧れ」に整合する。よって、適する。

問13　①「だけに」と限定している点が誤り。　②[8]段落にある「未来形の読書」の説明と合わないので、適さない。　③[16]段落の内容に合致するので、適する。　④「未来形の読書」が必要な時期については書かれていないので、適さない。　⑤「将来どうありたいかを見つめる」のは「未来形の読書」なので、適さない。

2　問1ア　青砥左衛門のおかげで訴訟に勝ち、「恩に報いよう」と思った人物なので、①が適する。　　　イ　青砥左衛門の行動を笑ったものの、青砥左衛門の反論を聞いて「感じ入った」人物なので、⑤が適する。

問2　「つぶさに」には、詳しく、事細かにという意味がある。

問3　傍線部Bの後の青砥左衛門の発言から考える。青砥左衛門は、自分は「下級の役人をひいきしたのでは」なく、役人から贈り物をもらう理由がないと言っている。よって、③が適する。

問4　傍線部Cの前で、青砥左衛門は、地下の公文（くもん）が訴訟に勝った恩に報いようとして銭を贈ってきたことに怒っている。送り返したのはこの銭（＝お礼のお金）であると考えられる。よって、④が適する。

問5　川へ落としたのは十文という「少額」であり、ふつうはあきらめるので、②と⑤は適さない。川に落ちた銭が誰かの役に立つとは考えにくいので、①は適さない。「行き過ぐ」は、通り過ぎるという意味なので、「気にしないふりをする」とある④は適さない。よって、③が適する。

問6　X．青砥左衛門が川へ落とした銭の金額なので、「十」が入る。　Y．川から銭を探すために買った「続松（たいまつ）」の代金なので、「五十」が入る。　Z．ここに入るのは、失われずに済んだ銭の金額である。直前の「かれこれ（＝あちらとこちら）」が何を指すのかを考える。そのさらに前に「かれとわれ（＝商人の利益と私の損失）と何の差別かある」とあるので、「かれこれ」は、川から見つかって失われずにすんだ十文と、商人の利益となって失われず

にすんだ五十文を指している。よって、その合計の「六十」が入る。以上より、③が適する。

問7 傍線部Eの「かれとわれ」は、〔現代語訳〕では「商人の利益と私の損失」と訳されている。青砥左衛門は、後にあるように「天下の利益」という観点でこの一件を考えている。この観点で見れば、「商人の利益」と「私の損失」には差はない。よって、③が適する。②は「市民の平等」が適さない。

問8 「眉をひそめる」の意味については、生徒Bの発言が正しい。よって、②が適する。「爪弾きをする」は、不満な気持ちを表したり、嫌なものを遠ざけたりすることなので、③と④はいずれも適さない。「舌を振りて」は、青砥左衛門の考え方に「感じ入った」ことを表しているので、生徒Eの発言が正しい。よって、⑤が適する。

問9 ①の「権力に対しても恐れることなく対応し」は、訴訟での公平な態度から読み取れる。また、「広い視野を持って〜合理的に処する」は、十文をなくしたときの行動とその考え方から読み取れる。よって、①が適する。②・③は、訴訟での公平な態度と合致しない。④の「最終的には得をしている」は、本文から読み取れない。⑤については、「人間らしさをあわせ持つ」が誤り。十文をなくしたときにあわてたのは、天下の利益を損なってはならないという考えからであり、「人間らしさ」を示すものとはいえない。

━《2021 理科 解説》━

1 3 ⑤○…〔圧力＝$\dfrac{力}{面積}$〕より、圧力は力に比例し、面積に反比例するので、圧力が最も大きいのはBのXを下に置いたとき、圧力が最も小さいのはAのZを下に置いたときである。圧力比はBのX：AのZ＝$\dfrac{360}{2.0\times3.0}$：$\dfrac{90}{6.0\times3.0}$＝12：1である。

4 ②○…図2より、この電車が1.5分間で100km/hに達するまで加速するときに進む距離は$100\times\dfrac{1.5}{60}\times\dfrac{1}{2}$＝1.25(km)、6.6－3.6＝3.0(分)で100km/hから減速するときに進む距離は$100\times\dfrac{3.0}{60}\times\dfrac{1}{2}$＝2.5(km)である。残りの80－(1.25＋2.5)＝76.25(km)を100km/h→$\dfrac{5}{3}$km/分で進むので、所要時間は(1.5＋3)＋76.25÷$\dfrac{5}{3}$＝50.25(分)となる。

5 ⑤○…5％の塩酸50gに含まれる塩化水素は50×0.05＝2.5(g)だから、2％の塩酸の質量は2.5÷0.02＝125(g)である。したがって、水を125－50＝75(g)加えればよい。

6 ③○…化学かいろの鉄粉の質量は$48\times\dfrac{1}{3}$＝16(g)であり、鉄粉10gと反応する酸素は19－(10＋4.8)＝4.2(g)だから、$4.2\times\dfrac{16}{10}$＝6.72(g)となる。

7 ③○…Aは裸子植物、Bは被子植物の単子葉類、Cは被子植物の双子葉類である。単子葉類は子葉が1枚で、根はひげ根、双子葉類は子葉が2枚で、根は主根と側根である。

8 ②○…Aは両生類、Bはホニュウ類、Cはハチュウ類、Dは鳥類である。カエル、イモリは両生類、ネズミ、クジラはホニュウ類、ヤモリ、トカゲはハチュウ類、ニワトリ、カラスは鳥類である。

9 ④○…X〜Zの凝灰岩の層の上面の標高は、Xが95－5＝90(m)、Yが90－5＝85(m)、Zが100－20＝80(m)だから、xはyより大きく、yはzより大きい。

10 ②○…窓ガラスがくもったのは、空気1㎥中に含まれる水蒸気量が外気温の飽和水蒸気量と等しくなったからである。はじめに実験室の空気1㎥中に含まれる水蒸気量は13.6×0.5＝6.8(g)だから、7℃の飽和水蒸気量である7.8g/㎥にするには、空気1㎥あたり7.8－6.8＝1(g)の水蒸気が必要である。したがって、容積400㎥の実験室では、1×400＝400(g)の水蒸気が必要である。

2 11 ③○…〔抵抗(Ω)＝$\dfrac{電圧(V)}{電流(A)}$〕より、抵抗は電圧に比例し、電流に反比例する。AのXの電流はYの電流より大きかったので、AのXとYの電圧は等しいことから、Xの抵抗はYよりも小さい。また、BのZの電圧はXの電圧より小さかったので、BのXとZの電流は等しいことから、Xの抵抗はZよりも大きい。

12 ⑤◯…ソケットから豆電球を取りはずすと，豆電球に電流が流れなくなる。豆電球が並列つなぎのAでは，一方の豆電球に電流が流れなくなっても，もう一方の豆電球には同じ大きさの電流が流れるが，豆電球が直列つなぎのBでは，一方の豆電球に電流が流れなくなると，もう一方の豆電球にも電流が流れなくなる。

13 ④◯…図3より，左のXには3Vの電圧がかかっている。また，XとYの並列部分には合計で 0.6Aの電流が流れるので，図3より，2Vの電圧がかかっている。したがって，電源Eの電圧は3＋2＝5（V）となる。

14 ⑤◯…100Vの電圧をかけたときの消費電力は 400Wだから，〔消費電力（W）＝電圧（V）×電流（A）〕より，電流は$\frac{400}{100}$＝4（A）となる。したがって，抵抗は$\frac{100}{4}$＝25（Ω）となる。

15 ④◯…抵抗が0.6倍になり，電圧が$\frac{50}{100}$＝0.5（倍）になったので，電流は$\frac{0.5}{0.6}$＝$\frac{5}{6}$（倍）になる。したがって，消費電力は0.5×$\frac{5}{6}$＝$\frac{5}{12}$（倍）となるので，消費電力の比は$\frac{5}{12}$：1＝5：12となる。

3 **16** ⑤◯…Aは空気調節ねじ，Bはガス調節ねじである。元栓，コックの順に開き，マッチの火を近づけてからガス調節ねじをゆるめて火をつけ，空気調節ねじで炎の色が青色になるようにする。

17 ⑤◯…ブドウ糖を水に溶かした液にベネジクト液を加えて加熱すると赤褐色の沈殿ができるが，デンプンでは変化がない。デンプンはヨウ素液を入れると青紫色になる。

18 ②◯　（ア）×，（イ）◯…加熱後に出てくる気体は二酸化炭素である。　（ウ）◯，（エ）×…青色の塩化コバルト紙をつけると赤色に変わる。　（オ）×，（カ）◯…炭酸ナトリウムを水に溶かしてフェノールフタレイン液を入れると加熱前の固体よりも濃い赤色になる。

19 ①◯…質量保存の法則より，反応の前後で反応に関わる物質の質量の総和は変わらないので，w＝x＋y＋zが成り立つ。これを変形すると，w－x－y＝zとなる。

20 ④◯…(あ)60℃での溶解度が 30gより小さい炭酸水素ナトリウムだけが溶け残る。(い)(う)20℃を下回ったあたりから，硝酸カリウムの溶解度が 30gより小さくなるので，(う)は硝酸カリウムである。

4 **21** ⑤◯…ヨウ素液はデンプンにつけると青紫色に変化する。Aではだ液によってデンプンが分解されて，より分子の小さい糖になるので，デンプンが残っているのはBだけである。

22 ②◯…うすい塩酸は酸性の水溶液である。Eでは，うすい塩酸を入れることで，だ液によってデンプンが分解されずヨウ素液の色が変化したので，だ液は酸性溶液中よりも中性溶液中のほうがよくはたらくと考えられる。

23 ①◯…ある条件について調べたいときは，それ以外の条件が同じ2つの実験の結果を比べる。実験3ではペプシンのはたらきについて調べるので，ペプシン以外の条件を同じにする。

24 ④◯…Aの位置で右眼からの神経を切断しているので，右眼が見えなくなる。

25 ③◯…Bの位置で左眼の右側の網膜と右眼の左側の網膜からの神経を切断している。左眼の右側の網膜は左眼の左視野を映し，右眼の左側の網膜は右眼の右視野を映すので，左眼の左視野と右眼の右視野が見えなくなる。

═══《2021　英語　解説》═══

1 **1** There is/are ～のbe動詞の部分は，時制と直後の名詞に合わせる。informationは不可算名詞だから，①が適当。

2 want to＋（動詞の原形）～「～したい」より，④が適当。

3 instead of ～「～の代わりに」より，③が適当。

4 主語が This song だから，「愛されている」という受動態〈be動詞＋過去分詞〉の形にする。①が適当。

5 現在分詞(sleeping)が前から名詞(baby)を修飾する形で「～している○○」という意味になる。③が適当。

6 助動詞のあとは動詞の原形が来るから，④が適当。

7 Which ～, A or B?「AとBではどちらが～？」より，④が適当。

8 　文末の〈since＋過去を表す語句〉より，現在完了形〈have/has＋過去分詞〉の文だと判断する。③が適当。

9 　Nobody は単数として扱うから，時制が現在の文では動詞に s をつける。⑤が適当。

10 　enjoy ~ing「～して楽しむ」より，①が適当。

2 11 　Any idea or feeling can be expressed in sign languages just like in oral languages. : Any idea or feeling が主語の受動態〈(can＋)be 動詞＋過去分詞〉の形にする。「まさに～と同じように」＝just like ~ より，不足する語は like。

12 　How did you come up with the idea of making violins from driftwood? :「～を思いつく」＝come up with ~ 「A から B を作る」＝make B from A　不足する語はない。

13 　The number of young people studying abroad is increasing. :「～している」は現在進行形〈is/are＋動詞の ing 形〉で表す。「留学する若者」は〈現在分詞(studying)＋語句(abroad)〉で後ろから young people を修飾して表す。日本文にはないが，「留学する若者の数が増えている」という文にする。「～の数」＝the number of ~ より，不足する語は number。

14 　My son doesn't begin his work until I tell him to do it. :「私の息子は，私が彼にやるように言うまで仕事を始めない」という文にする。「～するまで」＝until ~ 　「(人)に～するように言う」＝tell＋人＋to ~ 　不足する語は doesn't.

15 　It is boring to look similar in the same uniforms. :「～することは…だ」は〈It is … to ~〉で表す。「…に見える」は〈look＋形容詞〉で表す。不足する語はない。

3 16 　「太陽熱調理器はまったく燃料を使わないので，大きな問題点を解決することができます。①人々は毎日料理をするために大量の木材を必要とします。②木材を集めるのは，特に女性や子どもにとって重労働です。③それは再生可能エネルギーの一例です。太陽熱調理器があれば，人々はもう木材を集める必要はありません。④20 億人以上の人々が食べものを温めるために木材を使っています。森林伐採は地球温暖化を加速させます。⑤もし 1 台の太陽熱調理器を使えば，毎年約 550 キロの木材を節約できるのです」より，③が不要。

17 　「ガーナは多くのカカオを生産しています。それでチョコレートが作られます。①カカオは大変安い値段で売られるので，多くのカカオ農家はとても貧乏です。彼らは一生懸命働きますが，十分な生活費を得ることができません。②彼らは不公平な状況下で働いています。ガーナの多くの子どもは家族の手伝いをするために農場で働きます。③彼らの中には一度も学校に行ったことのない子もいます。④フェアトレードはこの問題を解決することができます。もしあなたがフェアトレードのチョコレートを買えば，今よりも多くのお金がそのカカオ労働者のものになるでしょう。⑤農作物に隠れたその人たちのことについて学ぶのは，別の問題です。あなたの買い物の際の選択が違いを生み出すのです」より，⑤が不要。

18 　「私たちのからだは約 60 兆個の細胞から作られています。①私たちのからだの中では，毎日約 3 千個の悪い細胞が生まれていますが，体内の約 50 億個の良い細胞が悪い細胞をやっつけるのです。②ある実験によると，私たちが笑うと良い細胞が活発になるということがわかりました。その実験は 1992 年，2 人の医者によって行われました。③彼らは 19 人の人々に，ある劇場で 3 時間，とてもおもしろい芝居を見るように依頼しました。④彼らは，被験者すべてがその芝居に感銘を受けるだろうと信じていました。⑤その芝居の前と芝居の後で，医者はそれぞれの人の良い細胞がどれくらい活発になったかを調べました。そして 2 人は，芝居の後の方が良い細胞が活発になっていることを発見しました」より，④が不要。

4 　【本文の要約】参照。

24 　この話の教訓となる言葉だから，①「たとえ弱い者でも強い者を助ける機会がある」が適当。②「ライオンは自然界の他のどの動物よりも強い」，③「不公平な条件下では，強いものが常に弱いものを助けなければならない」，④「小さなちがいが大きなちがいを生むことができると覚えておくことが大切だ」，⑤「動物だけでなく私たちも人生の宝物を心に留めておくべきだ」はいずれも不適当。

【本文の要約】

　ある日ライオンが昼寝をしていると，１匹のねずみがライオンの顔を駆け上がり，ライオンを起こしてしまいました。ライオンはたいそう怒りました。ライオンはねずみを捕まえて，「(A)⑤お前を食べてやる。そうすれば動物の王様を起こしてはいけないということがわかるだろう」と言いました。

　しかしそのねずみは叫びました。「(B)②どうか，私を食べないでください。私はあなたを起こそうなんてつもりはなかったのです。申し訳ありません。どうか放してください。いつかあなたが喜ぶことになります。もし今逃してくだされば，(C)①将来必ずあなたのためになることをします」

　ライオンはねずみを見て笑いました。「お前のようなちっぽけなやつが？お前なんかに，俺様のような大きくて強いものを助けられるわけがない」しかしライオンはこうも思いました。「このねずみは本当にちっぽけだ。(D)②こいつは夕食にするには小さすぎる。おやつにさえならん」そこでライオンはねずみを放しました。

　数日後，数人の猟師がやってきてライオンを捕まえてしまいました。猟師たちはライオンを頑丈なロープで木に縛りつけました。それから猟師たちはライオンを残して村に向かいました。彼らはライオンを生かしておいて動物園に売りたいと思っていたのです。しかしそれにはもっと人数が必要でした。

　ライオンはほえ続けました。激しい怒りがこみあげていましたが，動くことができませんでした。すると，あのねずみがライオンの声を聞きつけてやってきました。「(E)①さあ，私があなたのためにできることをご覧に入れましょう」とねずみは言いました。ねずみは少しずつ自分の歯でロープを切っていきました。しばらくするとロープが解けライオンは自由になりました。「助けてくれてありがとう」とライオンは感謝の言葉を言いました。それからずっと，彼らは一緒に幸せに暮らしました。この物語の教訓は(F)①たとえ弱い者でも強い者を助ける機会がある，ということです。

5　【本文の要約】参照。

　　29　下線部①と直後の文より，「高校生は毎晩８〜10時間の睡眠が必要である」にも関わらず「十分な睡眠を取っていない」ことがわかるから，③「彼らはふつう８時間以上眠らない」が適当。

　　30　⑤○「眠る直前に勉強することはものを覚えるのに良い効果がある」

【本文の要約】

　私たちは本当に睡眠が必要なのでしょうか？科学者たちは，睡眠についてすべてを理解しているわけではありませんが彼らが間違いないと信じているのは，①それ（睡眠）はとても大切だということです。眠っている間，からだは動いていません。しかし頭は②③忙しいのです！

　睡眠は多くのことに役立ちます。睡眠は，日中学んだことを記憶する手助けをしてくれます。眠ることによって学んだことを，長期間蓄えることができるのです。30⑤ある調査によると，生徒が眠る直前に勉強すると，良い効果があるということです。睡眠は，その生徒が学んだことを忘れる時間を遅くしたのです。睡眠はまた，からだの悪いものを取り除いてくれます。日中走ったり遊んだりするとからだが傷つきます。からだは，あなたが眠っている間に傷ついたものを治してくれるのです。また，眠っている間にからだは成長します。

　だれにでも睡眠は必要です。成人男性と成人女性は毎晩７〜９時間の睡眠が必要です。学生はたくさん睡眠が必要ですが，彼らは普通十分睡眠を取っていません。高校生は毎晩８〜10時間の睡眠が必要です。高校生は成長期なので，成人よりも③②多く睡眠を取る必要があるのです。彼らはまた，たくさん学ぶことも必要です。ベッドに余分にいるということは，これにも役立ちます。④②十分睡眠を取ることは，学びにも，成長にも，記憶にも，大切なことなのです。

6　【本文の要約】参照。

　　31　in＋年「〜年に」より，①が適当。

　　32　次の段落以降に，マララがノーベル平和賞を受賞したいきさつが書かれているから，②が適当。

　　33　下線部①の前後が相反する内容だから，⑤が適当。

34　マララは教育の男女平等を訴えている。第２段落２～３行目の education for girls was as important as for boys の部分を指す。

35　多くの人がマララのことを世界でもっとも勇気のある少女だと思った理由だから，③「殺すという脅迫を受けたあとも声をあげることをやめず，学校にも出席し続けたから」が適当。①「攻撃され大怪我を負ったから」，②「殺すという脅迫を受けてもまったく怖がらなかったから」，④「人々が彼女に支援のメッセージを送ったから」⑤「その素晴らしいニュースが世界中で放送されたから」は不適当。

36　⑤○「彼女は教育の未来のために，声をあげ続けることをやめないだろう」

37　第２段落１行目の girls should not receive education と同じ内容にするから，②が適当。　・don't need to ~「～する必要はない」

38　マララがテレビやラジオで教育について話した理由にするから，①が適当。　・did not agree「同意しなかった」

39　第３～４段落と同じ内容にするから，①「彼女は信念のために攻撃され怪我をした」が適当。

【本文の要約】

①2014 年に(＝In 2014)17 歳の少女がノーベル平和賞を受賞しました。②なぜ(＝Why)彼女が受賞したのでしょう？

パキスタンでは，ある団体の人々が少女は教育を受けるべきではないと主張していました。しかしながら，ある少女は，少女への教育は少年への教育と同じように大切だと信じていました。彼女は学校で友人と一緒に勉強することが好きでした。彼女の名前はマララ・ユスフザイでした。

35③マララはテレビやラジオに出演し，教育の平等について話しました。すると彼女は，自分の信念のために，殺すという脅迫を受けました。彼女は怖いと思いましたが，彼女の勇気は恐れよりも強いものでした。彼女は声をあげることをやめず，学校にも出席し続けました。

35③ある日の学校からの帰り道，マララは攻撃され大怪我を負いました。このひどいニュースは世界中で放送されました。多くの人が，彼女こそ世界でもっとも勇気のある少女だと思いました。彼らは彼女を支援するメッセージを送りました。

マララは攻撃を受けたあと，奇跡的な回復を遂げました。16 歳の誕生日にはニューヨークの国連本部でスピーチしました。

「親愛なる少年少女のみなさん，すべての子どもたちの明るい未来のために，私たちは学校と教育を求めます。36⑤私たちは平和と教育という目的地に到達するための旅を続けます」

彼女はスピーチの最後をこう締めくくりました。「１人の子ども，１人の教師，１冊の本，そして１本のペン，が世界を変えられます」

━《2021　社会　解説》━

1　問１　⑤「赤道が国内を通っている」「首都(ナイロビ)は標高約 1600ｍの高地に位置している」からＥのケニアと判断する。「日本との時差は６時間」から，日本(東経 135 度)との経度差は６×15＝90(度)で，135－90＝(東経)45(度)に位置する。Ａはメキシコ，Ｂはベネズエラ，Ｃはエクアドル，Ｄはガーナ。

問２　④が正しい。　①「偏西風」ではなく「季節風」である。偏西風は，中緯度帯で１年中，西から東に向けて吹いている。　②「イベリア半島」ではなく「スカンディナビア半島」である。　③ナイル川は北に向かって流れ，地中海に注ぐ。　⑤オーストラリア大陸の大部分は乾燥帯に属し，熱帯は北端のみである。

問3　①が正しい。　②インドは，ヒンディー語や英語を使う人が多く，国民の大多数がヒンドゥー教徒である。③アフリカは民族を基に国が成立していない。ヨーロッパの列強国がアフリカを分割する際，原住民の民族性を考慮せずに地図上の緯線や経線で分けた。　④ヒスパニックはメキシコ国境に近い南部に多い。かつて奴隷として連れてこられたアフリカ系も南部に多い。　⑤メスチソは中南アメリカのスペイン語圏の国におけるヨーロッパ人と先住民の混血である。

問4　②が正しい。　①2017年の中国の輸出入の金額は，2000年の33349÷9215＝3.61…(倍)で，5倍以下である。③対EU貿易において，2017年は日本の貿易赤字となっている。　④アメリカの輸入総額に占める輸入金額の割合は，2000年よりも2017年の方が小さくなった。　⑤2000年は10兆7160億円，2017年は2兆9070億円の黒字だから，2017年の方が黒字が縮小している。

問5　④が正しい。　①日本は環太平洋造山帯に位置し，アルプス・ヒマラヤ造山帯はユーラシア大陸にある。②「愛知県と富山県」ではなく「新潟県と静岡県」を境とするのはフォッサマグナで，中央構造線は九州から関東まで東西にのびる断層である。　③阪神・淡路大震災を引き起こした六甲・淡路島断層帯は近畿地方に位置し，本州中央部のフォッサマグナにはない。　⑤南海トラフは「日本海」ではなく「太平洋」にある。

問6　①が正しい。人口の多いAを福岡県，源泉数の多いEを大分県，飼養頭羽数の多いC・Fを畜産の盛んな鹿児島県・宮崎県と判断する。残ったうち，米の収穫量が多いBが熊本県。Cは鹿児島県，Dは沖縄県，Fは宮崎県。

問7　④が正しい。　①地形図1に市役所(◎)は見当たらない。　②田(Ⅱ)が広がっていた場所は住宅地に変わった。③「工場(☼)」ではなく「軍用地」であった。　⑤裁判所(⌂)がある場所にかつて寺院(卍)はなかった。

2　問1　⑤が正しい。中国とローマを結ぶ道は，中国から多くの絹が運ばれたことから「シルクロード(絹の道)」と名付けられた。　①中国で青銅器が作られるようになったのは紀元前1600年頃。　②「象形文字」ではなく「甲骨文字」である。　③万里の長城は「周」ではなく「秦」の始皇帝が築いた。　④始皇帝は戦国の世を統一した。三国は秦・漢のあとの時代。

問2　③が正しい。打製石器は群馬県にある岩宿遺跡(旧石器時代)から出土した。①の福岡県には板付遺跡(弥生時代)，②の青森県には三内丸山遺跡(縄文時代)，④の東京都には大森貝塚(縄文時代)，⑤の静岡県には登呂遺跡(弥生時代)がある。

問3　④が正しい。　①好太王碑には，大和政権が百済と連合して高句麗や新羅と戦ったことが記されている。②大陸から移り住んだ渡来人が須恵器を伝えたのは古墳時代だから，それ以前の弥生土器に発展するはずがない。③「2つの政権」が不適切。稲荷山古墳(埼玉県)から出土した鉄剣と，江田船山古墳(熊本県)から出土した鉄刀の両方に刻まれたワカタケル大王の文字から，大和政権の支配下であったことがわかる。　⑤朝鮮半島を始めて統一したのは，7世紀の新羅であった。

問4　③が正しい。鎌倉幕府3代執権北条泰時が，御家人に対して裁判の基準を示すために，御成敗式目を定めた。

問5　①が正しい。室町幕府8代将軍足利義政が建てた銀閣は，書院造と禅宗様を取り入れた建築物である。②千利休は安土桃山時代に織田信長や豊臣秀吉に仕えた茶人。　③「足利義政」ではなく「足利義満」である。④水墨画を描いたのは禅僧の雪舟。　⑤「川柳」ではなく「連歌」である。川柳は江戸時代に流行した。

問6　⑤が正しい。じゃがいもやトマトはアメリカ大陸からスペインに伝わった。　①「ポルトガル人」ではなく「スペイン人」である。　②「マゼラン」ではなく「バスコ＝ダ＝ガマ」である。　③「アフリカ」ではなく「アジア」である。　④「スペイン人」ではなく「オランダ人」である。

問7　④が正しい。ロシアのラクスマンは北海道に来航して通商を求めた。　①「長州藩」ではなく「薩摩藩」の記述

である。　②「コシャマイン」ではなく「シャクシャイン」である。　③琉球は将軍の代替わりごとに慶賀使を，琉球の代替わりごとに謝恩使を幕府に派遣した。　⑤にしん・こんぶ漁は蝦夷地で盛んになり，長崎から輸出された。

問8　③A．8代将軍徳川吉宗の享保の改革→C．老中田沼意次の政治→D．老中松平定信の寛政の改革→B．老中水野忠邦の天保の改革

問9　①が正しい。　②資本主義が発達した結果，生産手段を持つ資本家と労働者の間で貧富の差が広がった。③紡績業・製糸業の労働者の大半は女性であった。　④「民営化」ではなく「国有化」である。　⑤鉄鉱石は中国から輸入された。

問10　④C．二十一か条の要求(1915年)→A．国際連盟加盟(1920年)→B．関東大震災(1923年)→D．金融恐慌(1927年)

問11　②が正しい。東条英機は1941年10月から1944年7月まで首相を務めた。真珠湾奇襲攻撃は1941年12月8日。国家総動員法制定(1938年)と日ソ中立条約締結(1941年4月)は近衛文麿，二・二六事件(1936年)は岡田啓介，東京大空襲(1945年)は鈴木貫太郎首相在任中であった。

3　**問1**　④65歳以上の高齢化率が40％近くまで上昇する2060年と判断する。

　問2　③が正しい。　①憲法は最高法規なので，違憲審査権が行使されて裁判所によって法律や命令が違憲と判断されると，その条文は効力を失う。　②違憲審査権はすべての裁判所がもち，最高裁判所が最終的な判断を下す。④違憲審査制はアメリカ・韓国・フランスなどでも採用されている。　⑤憲法改正の発議は国会の持つ権限であり，憲法違反ではない。

　問3　③が正しい。　①自衛隊の最高指揮権は内閣総理大臣の専権事項。文民(職業軍人でない者)が軍隊の最高指揮権を持つという原則を「文民統制(シビリアンコントロール)」と言い，日本では，現在自衛官である人物は内閣総理大臣や国務大臣になることができない。　②憲法9条に戦力不保持を規定している。　④「アメリカの領域」ではなく「日本の領域」である。　⑤湾岸戦争をきっかけとして，1992年にPKO協力法が成立した。

　問4　⑤が正しい。　①日本では性別役割分担の考えが未だ根付いている。女性の社会進出が進んだ一方で，家事や育児の負担は女性の方が圧倒的に大きい。　②「インフォームドコンセント」ではなく「ノーマライゼーション」である。　③選挙権や被選挙権は日本国籍を持つ人のみに与えられている。　④未だに差別はなくなっていない。

　問5　③が正しい。　①法律案は内閣も提出できる。　②法律案は，衆議院と参議院のどちらへ先に提出してもよい。④内閣総理大臣は国会が指名し，天皇が任命する。国務大臣は内閣総理大臣が任命する。　⑤予算案の作成は内閣の持つ権限である。

　問6　②が正しい。　①最高裁判所長官は天皇，その他の裁判官は内閣が任命する。　③・④・⑤国会の持つ権限である。

　問7　⑤が正しい。最高裁判所の下に置かれる，高等裁判所・地方裁判所・家庭裁判所・簡易裁判所を下級裁判所と言う。

4　**問1**　④が正しい。北里柴三郎はコレラの血清療法の発見でも知られる。志賀潔は赤痢菌を発見した。野口英世は黄熱病を研究した。鈴木梅太郎は米ぬかからビタミンB1を発見した。高峰譲吉は日本で初めて人造肥料を製造した。

　問2　②が正しい。パソコンの普及に伴ってインターネット利用者が増えていったことから，Aをパソコンと判断する。2008年の日本向けiPhone発売をきっかけにスマートフォンが普及していったことから，Bをスマートフォンと判断する。なお，携帯電話とPHSはパソコンよりも前に普及しており，タブレット型端末はスマートフォンよりも後に普及していった。

　問3　③1973年の石油危機で日本の高度経済成長が終わったので，Cと判断する。石油危機は，1973年の第四次中東戦争をきっかけとして，アラブの産油国が石油価格の大幅な引き上げなどを実施したために起こった。

═══════════════ 《数　学》 ═══════════════

1　ア. ④　　イ. ②　　ウ. ②　　エ. ②　　オ. ⑦　　カ. ②　　キ. ⑧　　ク. ③　　ケ. ②　　コ. ①

　　サ. ⑤　　シ. ③　　ス. ④　　セ. ④

2　ア. ─　　イ. ①　　ウ. ②　　エ. ①　　オ. ⑥　　カ. ⑧　　キ. ①　　ク. ②　　ケ. ②

3　ア. ⑥　　イ. ③　　ウ. ②　　エ. ⑦

4　ア. ①　　イ. ③　　ウ. ⑥　　エ. ①　　オ. ①　　カ. ②

5　ア. ⑥　　イ. ⓪　　ウ. ③　　エ. ⑧　　オ. ②　　カ. ⑤　　キ. ⓪

═══════════════ 《国　語》 ═══════════════

1　1. ⑤　　2. ①　　3. ②　　4. ④　　5. ③　　6. ④　　7. ①　　8. ④　　9. ⑤　　10. ⑤

　　11. ①　　12. ⑥　　13. ⑤　　14. ④　　15. ②　　16. ⑤　　17. ①　　18. ⑥ 17と18は順不同　　19. ④

　　20. ③　　21. ⑤　　22. ①　　23. ④ 22と23は順不同

2　24. ②　　25. ①　　26. ③　　27. ④　　28. ④　　29. ④　　30. ④　　31. ③　　32. ④　　33. ①

　　34. ④

═══════════════ 《理　科》 ═══════════════

1　1. ⑤　　2. ③　　3. ①　　4. ③　　5. ②　　6. ③　　7. ④　　8. ⑤　　9. ②　　10. ③

2　11. ④　　12. ④　　13. ④　　14. ③　　15. ②

3　16. ④　　17. ③　　18. ⑤　　19. ④　　20. ②

4　21. ④　　22. ①　　23. ④　　24. ⑤　　25. ③

═══════════════ 《英　語》 ═══════════════

1　1. ①　　2. ④

2　3. ③　　4. ④

3　5. ④　　6. ③　　7. ①　　8. ④　　9. ①　　10. ②

4　11. ②　　12. ③　　13. ③　　14. ④　　15. ①

5　16. ①　　17. ④　　18. ④　　19. ②　　20. ④　　21. ③

6　22. ②　　23. ①　　24. ⑤　　25. ④　　26. ③　　27. ①　　28. ④　　29. ②　　30. ⑤　　31. ⑤

7　32. ②　　33. ③　　34. ③　　35. ④　　36. ②　　37. ①　　38. ③　　39. ④

═══════════════ 《社　会》 ═══════════════

1　1. ④　　2. ①　　3. ⑤　　4. ①　　5. ③　　6. ③　　7. ④

2　8. ①　　9. ④　　10. ②　　11. ③　　12. ④　　13. ①　　14. ①　　15. ③　　16. ⑤　　17. ②

　　18. ④

3　19. ①　　20. ②　　21. ④　　22. ⑤　　23. ③　　24. ②　　25. ③

4　26. ②　　27. ⑤　　28. ①

←解答は前のページにありますので，そちらをご覧ください。

══《2020　数学　解説》══

1　(1)　与式 $= 3 - 2\sqrt{3} + 1 + \dfrac{6\sqrt{3}}{3} = 4 - 2\sqrt{3} + 2\sqrt{3} = 4$

(2)　$\sqrt{500} = 10\sqrt{5}$ であり，$\sqrt{5} = 2.236\cdots$ だから，$n < 22.36\cdots < n + 1$ となる n の値は 22 である。

(3)　与式の両辺を4で割って，$(x - 2)^2 = \dfrac{7}{4}$　　両辺の平方根をとって，$x - 2 = \pm\dfrac{\sqrt{7}}{2}$ より，$x = 2 \pm \dfrac{\sqrt{7}}{2}$

(4)　与式 $= (x + y)(x - y)$ として，$x + y = 2\sqrt{6}$，$x - y = 2\sqrt{2}$ を代入すると，$2\sqrt{6} \times 2\sqrt{2} = 4\sqrt{12} = 4 \times 2\sqrt{3} = 8\sqrt{3}$

(5)　底面の円周の長さは，おうぎ形OABの$\overset{\frown}{AB}$の長さに等しく，$(2\pi \times 4) \times \dfrac{90}{360} = 2\pi$ (cm) である。

底面の半径を r cm とすると，$2\pi r = 2\pi$ が成り立つから，r＝1 (cm) である。

三平方の定理を利用して，底面の半径が1cmで母線の長さが4cmの円すいの高さ h を

求めると，$h = \sqrt{4^2 - 1^2} = \sqrt{15}$ (cm) となるから，求める体積は，$\dfrac{1}{3} \times 1^2 \pi \times \sqrt{15} = \dfrac{\sqrt{15}}{3}\pi$ (cm³) である。

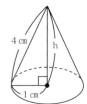

(6)　OとCを結ぶと，$\overset{\frown}{BC} : \overset{\frown}{CE} = 1 : 2$ であることから，∠BOC : ∠COE = 1 : 2 である。∠BOE = 180 − 48 = 132 (°) だから，∠COE = ∠BOE × $\dfrac{2}{1 + 2}$ = 132 × $\dfrac{2}{3}$ = 88 (°) である。

円周角は，同じ弧に対する中心角の大きさの半分に等しいから，∠CAE = $\dfrac{1}{2}$∠COE = $\dfrac{1}{2} \times 88 = 44$ (°)

2　(1)　点Aは，x座標が8で$y = \dfrac{1}{4}x^2$のグラフ上にあるから，y座標は$\dfrac{1}{4} \times 8^2 = 16$ より，A(8，16)である。

次に直線OAの式を求めると，$y = 2x$とわかる。点Dは，x座標が−4で$y = 2x$のグラフ上にあるから，y座標は$2 \times (-4) = -8$ より，D(−4，−8)である。曲線②は点Dを通るから，$y = ax^2$に$x = -4$，$y = -8$を代入すると，$-8 = a \times (-4)^2$より，$16a = -8$　　$a = -\dfrac{1}{2}$

(2)　四角形ABDCは，BD // ACの台形だから，$\dfrac{1}{2} \times (BD + AC) \times (2点A，Bのx座標の差)で面積を求めることができる。点Bのy座標は$\dfrac{1}{4} \times (-4)^2 = 4$だから，BD = 4 − (−8) = 12 である。よって，求める面積は，$\dfrac{1}{2} \times (12 + 16) \times \{8 - (-4)\} = 168$

(3)　△EDC = $\dfrac{1}{2} \times CE \times (2点E，Dのy座標の差)より，△EDC = $\dfrac{1}{2} \times \{8 - (-4)\} \times \{0 - (-8)\} = 48$になるから，点Eを通り四角形ABDCの面積を2等分する直線は線分ACを通ることがわかる。この直線と線分ACとの交点をFとすると，△EFC = $168 \times \dfrac{1}{2} - 48 = 36$ となればよい。

$\dfrac{1}{2} \times CE \times FC = 36$ より，$\dfrac{1}{2} \times 12 \times FC = 36$　　FC = 6　　したがって，直線ℓの傾きは，$\dfrac{FC}{CE} = \dfrac{6}{12} = \dfrac{1}{2}$とわかる。

直線ℓの式を$y = \dfrac{1}{2}x + k$とおいて，点E(−4，0)を通ることから，$x = -4$，$y = 0$を代入すると，$0 = \dfrac{1}{2} \times (-4) + k$より，k = 2　　よって，求める直線ℓの式は，$y = \dfrac{1}{2}x + 2$

3　(1)　右のように，AからBCに垂線AHを引いて，CH＝$x$cmとすると，BH＝(4−x)cmと表せる。三平方の定理を使って，AH²を2通りに表すと，

△ACHにおいて，AH² = AC² − CH²より，$AH^2 = 6^2 - x^2 = 36 - x^2 \cdots$①

△ABHにおいて，AH² = AB² − BH²より，$AH^2 = (2\sqrt{7})^2 - (4 - x)^2 = 28 - (16 - 8x + x^2) = 12 + 8x - x^2 \cdots$②　　②＝①より，$12 + 8x - x^2 = 36 - x^2$

$8x = 24$　　$x = 3$　　よって，$AH^2 = 36 - 3^2 = 27$ より，$AH = \sqrt{27} = 3\sqrt{3}$ (cm)だから，

△ABC = $\dfrac{1}{2} \times BC \times AH = \dfrac{1}{2} \times 4 \times 3\sqrt{3} = 6\sqrt{3}$ (cm²)

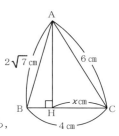

(2) (1)の解説をふまえる。CH＝3cmで，CM＝$\frac{1}{2}$BC＝2(cm)だから，

HM＝CH－CM＝3－2＝1(cm)である。△AHMで三平方の定理を使うと，

AM＝$\sqrt{\mathrm{AH}^2+\mathrm{HM}^2}$＝$\sqrt{(3\sqrt{3})^2+1^2}$＝$\sqrt{28}$＝$2\sqrt{7}$(cm)

4 (1) $x^2-5xy+6y^2$を因数分解すると，$(x-2y)(x-3y)$と表せる。x，yには

1から6のいずれかの整数があてはまるから，$x-2y$と$x-3y$はともに整数である。

かけて3になる2つの整数の組は，1と3，－1と－3が考えられる。

$x-2y$と$x-3y$の値の組み合わせの中で，連立方程式を解くと，

右表の値になるから，x，yが1以上6以下の整数になる組み合わせは，

$x＝3$，$y＝2$の1通りしかないとわかる。さいころを2回投げたとき

の目の出方は全部で$6^2＝36$(通り)あるから，求める確率は，$\frac{1}{36}$

$x-2y$	$x-3y$	x	y
3	1	7	2
1	3	－3	－2
－3	－1	－7	－2
－1	－3	3	2

(2) $(x-2y)(x-3y)$の値が正の素数になるのは，どちらか一方が1

または－1で，もう一方が素数または素数に－をつけた数になるとき

である。そこで，$x-2y$と$x-3y$のどちらか一方が1または－1に

なる$(x，y)$の組み合わせを探し，もう一方が素数または素数に－を

つけた数になるかを調べると，右表のようになる。$(1，1)(3，2)$

$(4，1)$の3通りが条件に合うので，求める確率は，$\frac{3}{36}＝\frac{1}{12}$

$x-2y$	x	y	$x-3y$
1	3	1	0
	5	2	－1
－1	1	1	－2
	3	2	－3
	5	3	－4

$x-3y$	x	y	$x-2y$
1	4	1	2
	2	1	0
－1	5	2	1

5 (1) M電力会社では，220kW未満の使用料金は1kWにつき20円だから，180kW使用すると，基本料金を加算し

て，$450+20×180＝4050$(円)　よって，ア＝⑥

1か月にxkW使用した場合の料金y円の式を求めると，

M電力会社については，$0<x≦220$のとき，$y＝450+20x$…⑦

$220<x$のとき，$y＝450+20×220+25(x-220)＝25x-650$…①

T電力会社については，$y＝23x$…⑦

⑦〜⑦のグラフを1つの座標平面上に表すと右のようになる。

⑦と⑦の交点のx座標を求めるために，2つの式を連立させると，

$23x＝450+20x$より，$x＝150$　これは$0<x<220$を満たす。

①と⑦の交点のx座標についても同様にして，$23x＝25x-650$より，$x＝325$　これは$220<x$を満たす。

よって，150kWより多く，325kW未満の場合はM電力会社の方が安いとわかるので，イ＝⓪，ウ＝③，エ＝⑧

(2) 割引前の電気料金は，$5040÷(1-0.10)＝5600$(円)である。これをM電力会社の電気料金の式⑦と①のyに代

入すると，⑦については，$5600＝450+20x$より，$x＝257.5$　これは$x<220$を満たさない。

①については，$5600＝25x-650$より，$x＝250$　これは$220<x$を満たすから，使用した電力は250kWである。

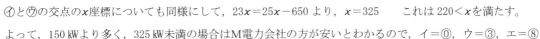

=《2020 国語 解説》=

1 問2 ⅰ 傍線部ⅰの前に「美というより、むしろ恐怖や不安を」と気持ちが書かれているので、④が適する。

ⅱ 「影を潜める」は、表立ったところから姿を消す、気配がなくなるという意味である。ここでは「現代の芸術」

は「実物の写し」のような絵を目指すものではなくなった、つまり「自然や人物を写実的に描き、現実を再現する

という考え」が表から消えてしまったという意味なので、①が適する。世間一般では、今でも「実物の写し」のよ

うな絵が高く評価されているので、③は適さない。　　iii　傍線部iiiの前後の内容を見ると、「専門家（集団）」と「一般の人（々）」が対比される形で説明されている。傍線部iiiの「素人」は、「専門家（集団）」と対比されている「一般の人（々）」を言い換えた言葉として使われているので、④が適する。

問3　①から⑤の中で、思考実験上の"設定"について述べているのは①②⑤で、そこから生まれる思考実験上の"問い"について述べているのは③④である。⑤にある「そこから火がついて」の「そこ」は、①の「美術界の有力者」が「その評価を世間に公表した」ことであるから①→⑤となる。①の初めにある「その画商」は、②で作品を買い取った人なので②→①。よって、"設定"の部分は②→①→⑤となる。③の初めにある「それとも」は選択を表す接続語なので、③の前にもう一つの選択がくる。よって、"問い"の部分は④→③となる。④に「このとき、画家の作品は、『美術界の有力者』が評価しなくても」とあり、「このとき」は"設定"の内容を受けているので、"設定"→"問い"になる。よって、②→①→⑤→④→③となり、3番目は⑤である。

問4　2段落後に、以前とは違い、「今日では、美と芸術の結びつきは、必ずしも求められていません」とあるので、⑤が適する。

問5　傍線部Bを含む段落の次の段落に、「（現代文化ではほとんど廃れた）芸術観～によると、芸術は自然や人物をいわば模倣するもので、本物に似ていれば似ているほど評価される」とあるので、①が適する。

問6 I　空欄Iの前の「何を芸術作品と見なすかさえ、わからなくなって」いることの例が、空欄Iの後に書かれているので、⑥の「たとえば」が適する。　　II　空欄IIの後に、「自然や人物をいわば模倣」したものが「本物に似ていれば似ているほど評価される」という考え方が「すっかり影を潜めて」しまったとあり、これは空欄IIの前で述べられている内容とは相反する内容なので、⑤「けれども」が適する。　　III　空欄IIIの3段落前に「芸術作品の価値は、それを評価する主体が存在することによって～可能になる」とある。これを受けて、空欄IIIの後で「芸術を評価するさいには、それを評価する主体が必要」なことをいったん認め、直後の「しかし」以降で筆者の考えを述べている。よって、ある事柄や考え方が間違っていないと認めることを表す、④「たしかに」が適する。

問7　空欄IIIを含む段落に「作品が価値あるものであれば、多くの人々の評価がいわば間主観的に収束する～主観的な評価はまったくバラバラというわけではなく、一定の合意が形成されていきます」と「現代芸術」の価値について書かれている。この内容に合う②が適する。

問8　X．「自然や人物を　X　的に描き、現実を再現する」は、前の段落の「自然や人物をいわば模倣する」と同じようなことを言っている。高い評価を得るために、本物に似せることを目指すので、物事をありのままに捉えて描写するという意味の「写実」が入る。　Y．「芸術の評価は　Y　的ではありえない。よって、芸術の評価は主観的にならざるをえない」とあるので、「主観」の対義語である「客観」が入る。　Z．空欄Zの前に、「芸術の評価は単に主観的なだけではないはずです。もしそれだけであれば～」とあり、この「それ」は「主観的な」評価を指している。すると、それに続く「子どもが描いた絵とピカソの絵の差」も主観的な価値判断の違いということになる。よって、⑤が適する。

問9　ここでの「間主観的価値」は、「権力価値」と「市場価値」である。①の「努力が認められるように」なってや、⑥の「市場に出回る前に高い評価をされて」はこうした価値による評価にはあたらず、これらが正解。

問10　傍線部Eの後で、人工知能にとって芸術の評価がそれほど難しくない理由を挙げている。「さまざまな側面から、芸術作品の市場価値が算定される」「どの専門家がどのような作品を評価したか、その傾向はどうかなど、さまざまな観点から調べることができます」とあるので、④が適する。

問11　Pの「と」は、接続助詞。Qの「も」は、副助詞。Rの「が」は、接続助詞。確定の逆接とは、前に事実が

書かれていて、後にその反対の内容がくること。Sの「は」は、副助詞。Tの「ば」は、接続助詞。仮定の順接とは、前に想像上のことが書かれていて、後にそれに対する順当な内容がくること。よって、③が適する。

問 12 傍線部Fにある「忖度」は、「日本人に特有の行動様式に見えるかもしれません」とあるように、人間の行動様式である。しかし、傍線部Gでは、「『忖度』する人工知能が登場する」可能性があると述べていて、人間以外のものでも「忖度」ができるかもしれないということを強調している。よって、⑤が適する。筆者は「忖度」について、「権力価値を読み取り、その傾向から、未来の行動を先取りすることにポイントがあります」と述べていて、そうだとすれば人工知能にとって難しいことではないとしている。そのため、傍線部Gの「忖度」（＝人工知能が行うかもしれない「忖度」）が、本来の意味よりも大きく外れた意味で用いられているとはいえず、④は適さない。

問 13 6段落目の「現代文化ではほとんど廃れてしまいましたが～今でも根強い芸術観～」によると、芸術は～本物に似ていれば似ているほど評価される」と①の内容が一致する。また、傍線部Eの前の段落の「『市場価値』と『権力価値』は別物ではなく、相互に連動している」と④の内容が一致する。

2　**問 1 a**　二重傍線部a、bを含む段落では、「中将」と「みつすゑ（光季）」が会話している。中将の動作には尊敬語が使われ、光季の動作には謙譲語が使われているか、敬語が使われていない。「のたまへ」は「言う」の尊敬語なので、②の「中将」が適する。　　b　「立ちぬ」には敬語が使われていないので、①の「光季」が適する。

　c　「伝えず」は、〔現代語訳〕を見ると、姫君に手紙を「取り次がない」という意味であるから、手紙を預かった人の動作だと考えられる。2段落目で、光季は、交際していた花の邸の女の子に中将の願い（＝姫君を迎え取りたい）についてかけ合っている。手紙は中将からのものであるから、この時光季から渡されたものだと考えられる。よって、③の「花の邸の女の子」が適する。

問 2　傍線部Aの前の部分の〔現代語訳〕を見ると、「音楽の方面の人々をお呼び出しになって、さまざまに（曲を）合わせながら」とあることから、④が適する。

問 3　空欄Bの後に続く「めでたく弾く人あれ」の「あれ」は已然形なので「係り結び」が考えられる。文末が已然形で終わる係助詞は「こそ」だけなので、④が適する。

問 4　傍線部Cを含む会話に対して「中将」が「こまやかに語れ」と言っている。その後にある光季の言葉に着目すると、「故源中納言のむすめになむ」とあるので、④が適する。

問 5　傍線部Dを含む会話に対する光季の返答に着目すると、「故源中納言のむすめになむ」とある。よって、中将が知りたかったのは、光季たちが話題にしていた故中納言の娘のことであり、④が適する。

問 6　空欄Eの後に「人からのお手紙を伝えることさえ、祖母様がやかましくおっしゃるのに」とある。祖母様がこのようにしているのは、「大将殿」がいつもどのように振る舞うからなのかを考える。③の「わづらはしく」は、口やかましくという意味であり、これが適する。

問 7　傍線部Fは、〔現代語訳〕を見ると「（大将が）公言なさっている」ことなので、2段落目にある「（姫＝故中納言の娘）を迎え取って帝に差し上げ」ることである。よって、④が適する。

問 8　傍線部Gの〔現代語訳〕は「これ（＝祖母様）が姫君だとお思いになったのも、当然です」であるので、祖母様を姫君と間違えた理由が答えになる。中将は薄暗い姫君の部屋に入ってすぐに、横になっていた人（＝祖母様）を引き抱え、車に乗せた。また、祖母様は着物を頭からかぶっていた。こうした状況から考えると、①が適する。

問 9　「平家物語」は鎌倉時代に成立した軍記物語なので、④が正解。

1　問2　③○…図Ⅰ参照。東北地方から関東地方は陸のプレートである北アメリカプ

レートの上にあるが，地下深くには海のプレートである太平洋プレートが沈み込んでいる。

問3　①○…左または右の鏡だけに映る像は光が1回反射した像であり，2つの鏡の

境目に映る像は光が2回反射した像である。光が1回反射した像は，自分の目の前に

ある棒磁石と左右の向きが同じになるように見え，光が2回反射した像は，自分の目

の前にある棒磁石と左右の向きが逆になるように見える。

問4　③○…図Ⅱの右手をあてはめると，コイルの中には

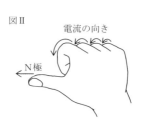

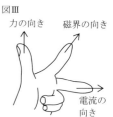

下向きの磁界ができることがわかる。これに対し，まっす

ぐな導線に流れる電流の向きとそのまわりにできる磁界の

向きの関係は，ねじが進む向きとねじを回す向きの関係と

同じだから，点Pの手前では上向き，奥では下向きの磁界

ができる。したがって，手前では互いの磁界が弱め合い，

奥では互いの磁界が強め合うことになる。このためレールは，磁界が強め合う方から弱め合う方に向かって力を受

ける。なお，点Pにおいて，図Ⅲの左手をあてはめることでも，点Pが受ける力の向きを決めることができる。

問5　溶質の質量は，①が$300 \times 0.15 = 45$（g），②が$500 \times 0.1 = 50$（g），③が$100 \times 0.3 = 30$（g），④が$510 - 500 =$

10（g），⑤が15gだから，最も大きいのは②である。

問6　③○…塩化銅が分解されて，陰極には銅が付着し，陽極からは塩素が発生する〔$CuCl_2 \rightarrow Cu + Cl_2$〕。

問7　④×…柱頭はめしべの先端部分のことで，胚珠に柱頭はない。

問8　⑤○…丸形が優性，しわ形が劣性だから，丸形にはＡＡとＡａがあり，しわ形はａａだけである。はじめに

自家受粉させた丸形の種子20個からは，丸形としわ形の種子が混じって生じたから，この自家受粉させた丸形はＡａ

だとわかる。Ａａの自家受粉では，ＡＡ：Ａａ：ａａ＝1：2：1となるように新しい個体が生じるが，ここでは
_{丸形}　_{丸形}　_{しわ形}

丸形の種子における遺伝子型の比（丸形の種子にａａは存在しない）を選ぶことに注意しよう。

問9　②○…2地点の差に着目する。震源からの距離の差は24km，P波の到着時刻の差は4秒，S波の到着時刻の

差は6秒だから，P波の速さは$\frac{24}{4} = 6$（km/s），S波の速さは$\frac{24}{6} = 4$（km/s）である。したがって，P波はS波の$\frac{6}{4}$

＝1.5（倍）の速さである。また，地震発生時刻は震源からの距離が24kmの場所にP波が到着した時刻の$\frac{24（km）}{6（km/s）}$

4（秒前）の午後8時24分52秒である。

問10　③○…地球，金星，太陽の順に直線で結んでできる角が90度になるCやFのとき，金星は半月状に見える。

また，金星と地球の距離が近いときほど，金星は欠け方が大きく，見かけの大きさが大きく見える。この日の金星

は，実際には右側から太陽の光が当たっていて，半月より少し満ちた状態だから，Bの位置の金星である。地球と

金星の公転の向きは同じで，金星の公転周期は地球の公転周期より短いから，この日から1か月間で，金星と地球

の距離はだんだん近づいていく。

2　問1　④○…摩擦力などを考えなければ，水平面上では下向きの重力と上向きの垂直抗力だけがはたらくので，小

球は慣性により等速直線運動をする。

問2　④○…小球がレールの外へななめ上に飛び出した後，動いたまま最高点に達する。つまり，最高点に達した

ときにも運動エネルギーをもっているので，位置エネルギーが手を離したときよりも小さい（手を離した点と同じ

高さまでは達しない）。

問3　④○…小球を転がした点（高さ5m）での位置エネルギーを⑤とすると，Fでの運動エネルギーはその$\frac{1}{5}$の①だから，力学的エネルギーの保存より，Fでの位置エネルギーは⑤－①＝④である。①＝1mであり，位置エネルギーは物体の高さに比例するから，Fの高さは4mである。

問4　③○…問3と同様に考える。Eでの運動エネルギー（小球を転がした点での位置エネルギー）は⑤であり，PからQを通過するときに，その一部が失われたため，Dでの位置エネルギー（Gでの運動エネルギー）が②になった。したがって，PQ間で失われた運動エネルギーは⑤－②＝③であり，これがPQ間で摩擦力がした仕事と同じだから，$\frac{③}{⑤}=\frac{3}{5}$（倍）である。

問5　②○…問3，4と同様に考える。Eでの運動エネルギー（Aでの位置エネルギー）は，PからQを通過するときに③失われ，GD上で折り返したのち，QからPを通過するときにさらに③失われる。そして，F（位置エネルギーは④）に達したときに運動エネルギーが⓪になるから，Aでの位置エネルギーは③＋③＋④＝⑩であり，その高さは10mである。

3　問1　④○…アでは酸素，エでは水素，オではアンモニアが発生する。

問2　③×…マグネシウムが二酸化炭素中で燃焼するのは，マグネシウムが二酸化炭素中の酸素を奪うためであり，炭素よりもマグネシウムの方が酸素と結びつきやすいということである。燃焼後，マグネシウムは酸化マグネシウムになり，炭素が生じる〔$2Mg+CO_2→2MgO+C$〕。

問4　④○…結果Ⅰで，塩酸を入れたビーカーの質量と加えた炭酸水素ナトリウムの質量の和から反応後のビーカーの質量を引くと，発生した（空気中に出ていった）気体の質量を求めることができる。このようにして計算すると，Aでは0.09g，Bでは0.18g，CとDでは0.36gとなる。AとBでは加えた炭酸水素ナトリウムの質量と発生した気体の質量に比例の関係があるから，加えた炭酸水素ナトリウムがすべて反応していることがわかる。つまり，0.22gの炭酸水素ナトリウムが反応すると，0.09gの気体が発生するということである。また，CとDでは炭酸水素ナトリウムが余っていることになるから，10㎤の塩酸がすべて反応すると，0.36gの気体が発生するということである。したがって，0.36gの気体を発生させる（10㎤の塩酸を反応させる）のに必要な炭酸水素ナトリウムの質量は$0.22×\frac{0.36}{0.09}=0.88$（g）である。

問5　②○…問4と同様に考える。操作Ⅱで発生した気体は$(50.00+2.64)-52.37=0.27$（g）である。0.27gの気体を発生させるのに必要な炭酸水素ナトリウムの質量は$0.22×\frac{0.27}{0.09}=0.66$（g）であり，これが2.64gのベーキングパウダーに含まれていた炭酸水素ナトリウムの質量である。したがって，含有率は$\frac{0.66}{2.64}×100=25$（％）である。

4　問1　④×…光合成に必要な水は根から取り入れる。

問3　④○…光の強さに関わらず呼吸は常に行われ，光の強さが0キロルクスのときと同じだけ二酸化炭素を放出する。これに対し，光の強さが弱いときには光合成をあまり盛んに行わず，吸収する二酸化炭素の量があまり多くならない。

問4　⑤○…0キロルクスのとき，1時間で二酸化炭素が12－10＝2（mg）増えた。これが，1時間の呼吸で放出した二酸化炭素の量であり，6キロルクスのときでも同様に1時間で2mgの二酸化炭素を放出する。したがって，6キロルクスのときに1時間の光合成で吸収する二酸化炭素の量は10－4＝6（mg）ではなく，呼吸によって放出した2mgを合わせた8mgであり，3時間の光合成で吸収する二酸化炭素の量は8×3＝24（mg）である。

問5　③○…暗黒中に15時間置くことで，呼吸で二酸化炭素を2×15＝30（mg）放出するから，光をあてる前の箱の中の二酸化炭素の量は20＋30＝50（mg）である。表より，3キロルクスの光をあてたときの1時間での二酸化炭素の減少量は10－6＝4（mg）だから，9時間では4×9＝36（mg）減少し，実験後には50－36＝14（mg）になる。

3　5　直前にaがあり，直後が milk（＝不可算名詞）だから，④が適当。　・a little＋^{不可算名詞}「少しの〇〇」

　　6　How about ～ing?「～するのはどうですか？」より，③が適当。How about ～ing?は相手に提案する表現。

　　7　as of ～「～の時点で」より，①が適当。

　　8　〈story written in English〉過去分詞と語句が後ろから名詞を修飾する形で，「英語で書かれた物語」という意味。したがって④が適当。

　　9　ask＋人＋to ～「(人)に～するよう頼む」より，①が適当。

　　10　先行詞が things だから，人以外に使う関係代名詞の②が適当。〈things which I don't know〉関係代名詞と語句が後ろから名詞を修飾し，「私の知らないものごと」という意味。

4　11　You had <u>better</u> hurry up, or <u>you'll</u> miss the last bus. :〈命令文, or ～〉「～しなさい，さもないと…」の〈命令文〉の部分を〈主語＋had better ～〉「～した方がいいよ」に変えた形。「最終バス」＝the last bus

　　12　Have you <u>seen</u> the new adventure movie <u>which</u> started last week? :「(もう)～しましたか？」は，現在完了の疑問文〈Have/has＋主語＋過去分詞 ～?〉で表す。「先週始まった新作の冒険映画」は〈which started last week〉で後ろから〈the new adventure movie〉を修飾して表す。

　　13　Do you <u>know</u> people call <u>New York City</u> the Big Apple? :「～ということを知っていますか？」は〈Do you know (that) ～?〉で表す。「AをBと呼ぶ」＝call A B

　　14　The park is <u>not</u> as big <u>as</u> your garden. :「AはBほど…でない」は〈A is not as … as B〉で表す。

　　15　He can play <u>not</u> only the violin <u>but</u> also the piano. :「AだけでなくBも」は〈not only A but also B〉で表す。

5　【本文の要約】参照。

　　21　話の流れから，（　F　）には，直前のケンジの発言 Well, cellphones have good points and bad points, don't they? を肯定する内容がふさわしいから，③Yes, they do が適当。

【本文の要約】

ジェーン：何てすてきな曲かしら！以前にこの曲を聴いたことがあるわ。あなたは知ってる，ケンジ？

ケンジ　：ᴬ①うん(＝Yes)，これは人気の日本の曲だよ。

ジェーン：どこから聞こえてきているのかしら？

ケンジ　：携帯電話だよ。見て！ちょうどあの男性は電話にでるところだよ。

ジェーン：ᴮ④あ，そうね(＝Oh, I see)。

ケンジ　：現代では多くの日本人が携帯電話を所有してるんだ。携帯電話はとても有用だから，すごく普及しているよ。君の国はどうなの？

ジェーン：私の国でも携帯電話は普及しているわ。便利だしね。

ケンジ　：ᶜ④その通りだね(＝That's right)。携帯電話はすごく小さいからどこにでも持っていけるもんね。

ジェーン：でも，私の国では問題もあるの。ᴰ②例えば(＝For example)，運転中の携帯電話の使用が原因で事故が起きているわ。とても危険だわ。

ケンジ　：それは日本でも問題になっていることの1つだよ。他の人のことを考えずに電車やバスの車内で大声で携帯電話で話す人もいるしね。

ジェーン：ᴱ④その通りよ(＝That's true)。あと，付近で携帯電話を使うことによって壊れてしまう機械もあるわね。

ケンジ　：携帯電話には良い面もあれば悪い面もあるってことだね。

ジェーン：(F)③そうね(＝Yes, they do)。携帯電話の正しい使い方について考えなければならないわね。

ケンジ　：僕もそう思うよ。

6　【本文の要約】参照。

22　直前に is があるから、「〜している」という意味の現在進行形〈be 動詞＋〜ing〉の文。

24　「あなたのもの」という意味の所有代名詞である⑤が適当。

25　特定の日にち(＝12 月 15 日の金曜日)の前に付ける前置詞だから、④on が適当。

27　It's a great chance for you to visit New York : ・it is … for＋人＋to 〜「(人)にとって〜することは…だ」この it は形式主語で、to 以下を指す。

29　直後にリサがチケットの日付を答えたから、母親はニューヨークに出発する予定日を尋ねたとわかる。

30　リサがワクワクしている様子を表す文だから、⑤が適当。　　・be excited about 〜「〜にワクワクしている」

31　①「リサは×母親が彼女の部屋に入ってきた時に叫び声をあげた」…叫び声をあげた後に母親が入ってきた。②×「リサの母親はメールを見ても嬉しくなさそうだった」…本文にない内容。　③×「リサのいとこたちは、エリザベスおばさんとジョンおじさんと共にリサのもとを訪れる予定だ」…いとこたちが訪れたのは過去の出来事である。　④「リサはニューヨークに×数か月間滞在する予定だ」…滞在予定は 1 週間である。　⑤○「リサの母親はエリザベスおばさんにリサがいつ到着するかを知らせるだろう」

【本文の要約】

　火曜日の早朝です。リサはコンピュータの前に(1)②座っています(＝is sitting)。彼女はメールをチェックしています。なぜなら、彼女はとても大事な返信を待っているからです。

　昨日、リサはアメリカ合衆国の大都市に関するオンラインクイズに参加しました。彼女は全問正解しました。彼女は 1 等賞のニューヨーク行きのチケットを獲得できる可能性がありました。

　リサは受信箱に新しいメッセージを見つけ、(2)①それ(＝a new message)を開きます。クイズのウェブサイトからのメールでした！

　『リサさんへ

　おめでとうございます！あなたが 1 等賞を勝ちとりました！ニューヨーク行きのチケットは(3)⑤あなたのもの(＝yours)です。12 月 15 日の金曜日に出発し、ニューヨークに 1 週間滞在する予定となっています。楽しい時間をお過ごしください！』

　リサは自分の目を疑っています。彼女は「(5)③よし、やった！」と金切り声を出します。その叫び声を聞いたリサの母親が、リサの部屋に入ってきます。

　「リサ、あなた、大丈夫？」リサの母親は尋ねます。

　「うん、ママ、ママは信じないと思うわ！私、オンラインのクイズで 1 等賞を勝ちとってニューヨーク行きのチケットを獲得したの！」リサは言います。

　「え、リサ、すてきじゃない！絶対にこの旅行に行かないとね。あなたにとってニューヨークを訪れ、いとこのジョージとエイミーに再会する素晴らしい機会だわ」リサの母親は言います。

　「ええ、そうね。ずっと前、(7)④彼ら(＝George and Amy)はエリザベスおばさんとジョンおじさんと一緒に私たちに会いに来てくれたわね」リサは言います。

　「そうよ。だから教えてちょうだい、(8)②あなたはいつ出かけるの？」リサの母親は尋ねます。

「今週の金曜日のチケットよ。ニューヨークには１週間滞在するわ！」リサは言います。

「それじゃあ，準備する時間はあるわね。問10⑤エリザベスおばさんに電話してあなたの到着日時を彼女に知らせるわ」リサの母親は言います。

「すてき！ありがとうママ」リサは言います。彼女は旅行のことでとてもワクワクしています」

7【本文の要約】参照。

32　直後の between 20℃ and 35℃より，②warm「温暖な」が適当。

34　直後の because 以下の内容より，③が適当。

37　Driving cars and burning wood makes the air dirty. : Driving cars and burning wood「車を運転することや森を焼くこと」が主語の文。「空気を汚してしまう」は〈make＋もの＋状態〉の形にするので，makes the air dirtyの語順になる。

38　直前の部分より，植物の光合成の働きについての文だと判断する。③oxygen「酸素」が適当。

39　①「熱帯雨林の×全ての場所は１年を通して多くの雨が降る」　②×「熱帯雨林の木々には世界で最も背丈の高いものもある」…本文にない内容。　③×「色鮮やかな花を見つけたら，食べてもよい」…本文にない内容。④〇「熱帯雨林には多くの種類の木，植物，昆虫，動物，鳥がいる」　⑤×「エクアドルの人々は熱帯雨林で薬や食べ物を見つけている」…本文にない内容。

【本文の要約】

　熱帯雨林は中央アメリカ・南アメリカ，西アフリカ・中央アフリカ，東南アジア・オーストラリアという，世界の３つの地域にあります。熱帯雨林は大変湿っており，１年中雨が多く降るところもあれば，１年のうちの数か月しか雨が降らないところもあります。また，熱帯雨林はこの惑星の最も暑い地域の近辺にあるので通常 20〜35℃であり，⑴②温暖です。

　熱帯雨林の最上部では，35 メートルにもなる大変背丈の高い木々が生えています。それらより下には比較的小さい木々の樹頭が集まっていて，葉っぱの屋根のようになっています。ここでは色鮮やかな花やフルーツを見つけることができ，多くの鳥や動物が⑵③それら（＝flowers and fruits）を食べにやってきます。これより下には更に小さい木々が生えており，地面に達するあたりは⑶③木々の葉っぱが多くの太陽光をさえぎっているため暗いです。

　問8④熱帯雨林は木々や植物，昆虫，動物，鳥の種が豊富です。例えば，エクアドルの熱帯雨林には 15000 種以上の植物が存在しますが，ヨーロッパ全土には 13000 種の植物しか存在しません。

　熱帯雨林の植物から何百種もの薬ができています。そして現在，私たちは熱帯雨林やその周辺の地域を原産とする，例えばバナナ，コーヒー，ヤシの実，バニラ，レモンといった多くの食べ物を味わっています。

　毎日顔や髪を洗ったり，家を掃除したり，車を運転したりするとき，みなさんは熱帯雨林からきたものを使っています。そして，私たちが⑸②それら（＝useful things）についてまだ知らないだけで，熱帯雨林にはおそらく他にもものすごい数の有用なものが存在することでしょう。

　熱帯雨林は私たちにきれいな空気を供給する手助けもしてくれています。車を運転することや，木々を焼くことは空気を汚してしまいます。木々は汚れた空気から二酸化炭素を取り除き，⑺③酸素を還元してくれているのです。

──《2020　社会　解説》────

1　1　メルカトル図法についての記述の④が正しい。①はサンソン図法，②はサンソン図法やモルワイデ図法，③と⑤は正距方位図法についての記述である。

2　クスコはアンデス山脈に位置するから①が正しい。　②タイガは冷帯気候の針葉樹林である。　③ナンディは年間を通して気温が高く雨季と乾季がある熱帯サバナ気候である。　④ステップは乾燥帯の草原である。　⑤7～8月の気温が低いことから，南半球と判断できる。

3　⑤が正しい。　①ＡＳＥＡＮは東南アジアの10ヵ国が加盟する組織で，日本，中国，韓国は加盟していない。②ＡＵの結成(2002年)は，ＥＵの結成(1993年)よりも後である。　③ＢＲＩＣＳは，2000年以降に経済発展したブラジル・ロシア・インド・中国・南アフリカ共和国の総称である。　④ユーロの流通は2002年以降である。

4　①が正しい。　②「園芸農業」でなく「混合農業」であれば正しい。　③「穀物栽培」でなく「酪農」であれば正しい。　④アイルランドでは酪農が盛んである。　⑤スカンディナビア半島の大部分は針葉樹林だから，「大規模な畑作農業」は行われていない。

5　③が正しい。　①シラス台地は九州地方の南部にある。　②瀬戸内地方は1年を通して降水量が少ない。④京葉工業地域は千葉県の東京湾岸にある。　⑤北陸地方の記述であり，南部鉄器は東北地方の岩手県の伝統工芸品である。

6　Aはサウジアラビア，Bはアラブ首長国連邦，Cはオーストラリア，Dはブラジルだから，③が正しい。

7　④が正しい。　①実際の距離は2×25000＝50000(cm)＝500(m)。　②Cの地点は河川東岸の高台に位置する。③Dの地点に広葉樹(Q)は見あたらない。　⑤「南西」でなく「北西」であれば正しい。

8　①B．紀元前5世紀→C．紀元前後→A．313年→D．7世紀

9　④が正しい。　①本州が弥生時代のころ，沖縄では狩りや漁を中心とした生活が続いていた。　②岩宿遺跡は旧石器時代の遺跡である。　③弥生時代には鋤（すき）や田下駄などの木製農具が使われた。　⑤「青銅器」でなく「石包丁」であれば正しい。

10　天平文化は奈良時代だから②が正しい。　①「天武天皇」でなく「聖武天皇」であれば正しい。　③・④平安時代についての記述である。　⑤飛鳥時代についての記述である。

11　③が正しい。藤原道長は，平安時代の藤原氏による摂関政治が全盛だった頃の摂政である。なお，①は奈良時代の貧窮問答歌，②は風信帖である。

12　④B．承久の乱(1221年)→A．御成敗式目(1232年)→D．文永の役(1274年)→C．永仁の徳政令(1297年)

13　禁中並公家諸法度と京都所司代についての記述の①が正しい。　②大阪や長崎は江戸幕府直轄地であった。③大老は臨時職で，常置職としては老中が最高位であった。　④参勤交代では，大名は妻子を江戸に住まわせた。④江戸時代になると，身分によって住む場所が決められ，身分がきびしく統制された。

14　①喜多川歌麿の浮世絵「ポッピンを吹く女」である。

15　③が正しい。　〔A〕・〔B〕下関条約で日本は台湾・澎湖諸島・遼東半島を獲得したが，ロシア・ドイツ・フランスの干渉により，遼東半島を清に返還した。　〔C〕・〔D〕ポーツマス条約の名は，アメリカ東部のポーツマスという都市で結ばれたことに由来する。ヴェルサイユ条約は第一次世界大戦の講和条約である。

16　⑤が正しい。ソ連は，スターリンの指導のもと，計画経済の五か年計画が進めた。　①アメリカのニューディール政策では公共事業を活発に行った。　②イギリスは，本国と植民地の関係を密接にし，それ以外の国の商品に対する関税を高くして締め出すブロック経済政策を進めた。　③ドイツは，民族と国家の利益を最優先する軍国主義的なファシズムを進めた。　④日本では，多くの会社が倒産して町には失業者があふれ，アメリカへの生糸の輸出が激減したことなどを受け，農家の生活は苦しくなった(昭和恐慌)。

17　②が正しい。　①農地改革では小作農が減らされ，自作農が増えた。　③戸主を中心とする家制度は廃止され，

個人の尊厳と両性の本質的平等に基づく家族制度が定められた。 ④財閥は解体された。 ⑤「18歳以上」でなく「20歳以上」であれば正しい。

18 ④が正しい。日韓基本条約は1965年，日中平和友好条約は1978年，日ソ共同宣言は1956年，日米安全保障条約は1951年。日ソ共同宣言を発表してソ連と国交を回復したことで，日本の国際連合加盟にソ連の反対がなくなり，日本は国際連合への加盟を果たすことができた。

3 19 ①絵はアメリカ独立宣言の署名の様子であり，2ドル札紙幣の裏面に使われている。

20 ②が正しい。立法権を持つ国会・行政権を持つ内閣・司法権を持つ裁判所の三権を分立させ，互いに抑制し合うことでバランスを保ち，権力の集中やらん用を防いでいる。

21 ④が正しい。 ①国民総生産（GNP）から国内企業の海外での純所得を差し引いた国内総生産（GDP）が，経済成長をはかる指標とされる。 ②好況時はインフレーション，不況時はデフレーションが生じやすい。 ③景気循環の「好況」と「不況」が逆であれば正しい。 ⑤現在，公定歩合は金利政策として使用されていない。

22 ⑤が正しい。 ①1925年成立の普通選挙法では，満25歳以上の男子にのみ選挙権があたえられた。 ②一票の格差の問題で，最高裁判所は違憲状態であるという判決を下した。 ③日本国籍を持つ18歳以上の有権者で，在外選挙人名簿に登録されて在外選挙人証を持っている人であれば，海外から投票できる。 ④死票は，小選挙区制では多く，大選挙区制や比例代表制では少なくなる。

23 ③が正しい。 ①「労働関係調整法」でなく「労働基準法」であれば正しい。 ②セーフティーネットは社会保障のことである。事業の再編のための統合や閉鎖，人員整理はリストラクチャリング（リストラ）と呼ばれる。 ④「ワークライフバランス」でなく「ワークシェアリング」であれば正しい。 ⑤労働者災害補償保険は，業務災害や通勤災害に遭った労働者やその遺族に給付を行うことを目的とした保険制度である。

24 ②が正しい。 ①水俣病の原因は有機水銀である。 ③環境基本法の制定は1993年である。 ④京都議定書は気候変動枠組条約締約国会議で採択された。 ⑤環境影響評価（環境アセスメント）は，大規模な開発を行う前に，環境に与える影響を調査して評価した結果を公表することである。

25 ③が正しい。 ①条例を制定・改廃する場合，有権者の50分の1以上の署名を首長に請求し，議会が招集される。 ②都道府県知事の被選挙権は30歳以上である。 ④依存財源には，使いみちが限定されている国庫支出金と，使いみちが限定されてない地方交付税交付金がある。 ⑤ 「リコール制度」でなく「オンブズマン制度」であれば正しい。

4 26 ②B．1960年→A．1968年→D．1971年→C．1973年

27 ⑤が正しい。 ①一人っ子政策は2015年に廃止された。 ②プランテーションは，マレーシアやインドネシアで始まった天然ゴムやコーヒー，油ヤシなどの大農園を指す。 ③タイは世界有数の仏教国である。 ④ドバイやアブダビはアラブ首長国連邦である。

28 ①が正しい。 ②・③国務大臣は内閣総理大臣により任命され，その過半数は国会議員の中から選ばれる。 ④ 人事院は内閣に属しているが，権限の行使については独立性がみとめられている。 ⑤「両院協議会」でなく「閣議」であれば正しい。

★名城大学附属高等学校

《数 学》

1　ア. ⊖　イ. ⑤　ウ. ①　エ. ⓪　オ. ⊖　カ. ⑧　キ. ③　ク. ⑧　ケ. ①　コ. ⑥
　　サ. ③　シ. ①　ス. ⓪　セ. ③
2　ア. ②　イ. ⑥　ウ. ②　エ. ①　オ. ⓪
3　ア. ⑧　イ. ②
4　ア. ①　イ. ⑤　ウ. ②　エ. ⑤　オ. ②　カ. ⑤　キ. ②　ク. ①
5　ア. ①　イ. ⑧　ウ. ①　エ. ⑧　オ. ③　カ. ①　キ. ⑥
6　ア. ③　イ. ②　ウ. ⓪　エ. ⑧

《国 語》

1　1. ③　2. ④　3. ②　4. ①　5. ⑤　6. ④　7. ②　8. ⑤　9. ②　10. ②
　　11. ①　12. ②　13. ⑥　14. ①　15. ②　16. ③　17. ⑤　18. ②　19. ④　20. ③
　　21. ①　22. ④　23. ⑥　※22と23は順不同
2　24. ①　25. ③　26. ②　27. ⑤　28. ②　29. ②　30. ④　31. ①　32. ⑤　33. ②

《理 科》

1　1. ⑤　2. ①　3. ⑤　4. ②　5. ③　6. ⑤　7. ①　8. ③　9. ④　10. ④
2　11. ⑤　12. ①　13. ③　14. ⑤　15. ①
3　16. ④　17. ②　18. ④　19. ③　20. ②
4　21. ②　22. ③　23. ①　24. ③　25. ⑤

《英 語》

1　1. ②　2. ④
2　3. ③　4. ①
3　5. ③　6. ④　7. ④　8. ③　9. ②　10. ④
4　11. ⑤　12. ①　13. ①　14. ③　15. ⑤
5　16. ②　17. ④　18. ①　19. ④　20. ②　21. ①
6　22. ③　23. ④　24. ③　25. ⑤　26. ⑤　27. ①　28. ③　29. ⑤　30. ⑤
7　31. ④　32. ⑤　33. ②　34. ①　35. ⑤　36. ⑤　37. ②　38. ⑤　39. ④

《社 会》

1　1. ④　2. ①　3. ⑤　4. ⑤　5. ①　6. ④　7. ⑤
2　8. ④　9. ④　10. ③　11. ①　12. ②　13. ②　14. ①　15. ③　16. ①　17. ③
　　18. ④
3　19. ①　20. ①　21. ③　22. ⑤　23. ③　24. ②　25. ②
4　26. ②　27. ④　28. ③

←解答は前のページにありますので，そちらをご覧ください。

═《2019　国語　解説》═

1　**問2** X　「ニヒリズム」とは「虚無主義」のことである。二重傍線部Xの前に「～という」とあるので、Xは直前の「人間らしさなど考えても仕方がない」を言いかえていると考えられるから、④が適する。　　　Y　「脅かす」には、攻撃や危害などを加えるよう示して怖がらせる、危険な状態にするという意味がある。よって、②が適する。　　Z　「茫然とする」には、⑴気が抜けてぼんやりする。⑵漠然としていてつかみどころがない。という意味があり、ここでは⑴の意味で使われているので、⑤が適する。

問3　空欄Aの前に「『人間らしさを問う』というのは、実はとてつもなく難しい」とあるので、選択肢の中から「人間らしさ」について述べられている文を探すと、①と③が該当する。①の文頭「ですから」は、それ以前の部分が、①の原因・理由になっていることを表す言葉、③の文頭「というのも」は、前の部分に説明を加える言葉なので、空欄Aの始まりには、③が適する。③に「人間らしさを考えるためには～人間とは何かという定義を決めて」とあるので、次にくるのは、人間の定義について述べられている②④⑤である。これらを意味が通るように並べると、⑤→②→④となる。ここまでの内容が、①の理由になっているので、最後は①。よって、3番目にくるものは②が適する。

問4　傍線部Bは、直前の「男であるという現実から導き出される理論や法則として男らしさがある」を言いかえている。「帰納的」とは、「個々の具体的事実を総合して一般的な原理・法則を導き出す」という意味。よって、②が適する。

問5　傍線部C、Dの説明は、それぞれの傍線部の直前に書かれている。よって、それらと一致する①が適する。④は後半の「構築主義」の説明である「立場が異なる考え方をもつ人に対して厳しい態度で接するという考え方」の部分が適さない。立場が異なる考え方に対して不寛容な態度をとることが多いのは、本質主義に立脚している原理主義の立場で活動する人々である。

問6　空欄Ⅰの前にある「本質主義と構築主義の闘いは～現実の世界でも数多く起こっている」ことの例が、その後に書かれている。よって、空欄Ⅰには、具体例が後にくることを示す②の「たとえば」が適する。空欄Ⅱの前では「本質主義」、後では「構築主義」について述べられている。よって、空欄Ⅱには、他方という意味の⑥の「一方」が適する。空欄Ⅲの後に「人間として生きているんだろうか」と疑問の形が続いているので、空欄Ⅲには、①の「はたして」が適する。

問7　アは「原理主義と呼ばれるような立場で活動する人たち」の考え方で、その人たちは「本質主義に立脚している」とあるので、これは「本質主義」の考え方。イは直前に「文化人類学者や社会学者のようにすべてが構築されていると考えるならば」とあるので、「構築主義」の考え方。ウは直前に「本質があるという立場からすれば」とあるので、「本質主義」の考え方。エも直後に「～といった言説も、根は同じ」とあるので、その前にあるウと同じ「本質主義」の考え方。オは直後に「～という理屈で押し切るのでは、イスラム原理主義者たちの主張と変わらない」とある。原理主義と呼ばれる立場で活動する人たちは「本質主義」に立脚しているので、これも「本質主義」の考え方。イだけが異なっているので、②が正解。

問8　理由は傍線部Eに続く部分にある。イスラム過激派集団による拉致事件は、「『人間らしさ』の対立が起こした悲劇」である。「本質主義」の考え方では、立場が異なる考え方に対して不寛容な態度をとることが多く、宗教

間の対立も深くなってしまう。一方、「構築主義」の考え方に立って「『人間らしさはそれぞれ』と主張するだけでは、問題解決の糸口は見えて」こない。筆者は「構築主義」の考え方を理解しながらも「ニヒリズムに陥ることなく、一人一人が人間とは何かを考えていくということ、そのことが、人間らしい社会を築くための、現代における人間らしさとして求められている」と述べていて、ここに「人間らしさを問うこと」の意味があると考えている。つまり、このような形で「人間らしさを問うこと」で、立場が異なる者同士の対立が減少し、「人間らしい社会を築く」ことに繋がっていくと考えている。よって、③が適する。⑤については、「『人間らしさ』の対立が起こした悲劇を解決する可能性がある」が適さない。「人間らしさを問うこと」は、こうした対立を減らすことにつながる。ただ、すでに起きてしまった悲劇を解決できるかどうかということには、本文では触れていない。

問9　①②は「科学技術に対する過剰な信仰」の例、③は「敗者を切り捨てる新自由主義的な市場状況」の例、④は「人間が道具のように扱われている労働環境」の例になる。⑤はどれにも当てはまらないから、⑤が正解。

問10　Pの活用形は未然形。Qは「その」という連体詞の一部。Rは受け身の意味で使われている。Sの働きは体言に準ずるもの。Tは名詞。よって、②が適する。

問11　「自分だけの世界」の具体的な説明は、傍線部Hの４行後にある「まず」から始まる段落と次の段落、「私たちの世界」の具体的な説明は、その後の「次に」から始まる段落以降に書かれている。この部分と内容が一致する④が適する。①は「娯楽を見つけ出そうとする」の部分、②は「自分自身の人間らしさについて考察している時に～余裕を失う」の部分、③は「自分の考えを理解してもらえず」の部分、⑤は「その原因は何なのかを考察する」の部分が、それぞれ適さない。

問12　傍線部Iの前に「つまり」とあるので、傍線部Iの内容は、直前の内容のまとめになっていることがわかる。前の段落に、体外受精を例に、一般論では醒めた見方ができても、「自分たち夫婦が子どもに恵まれないケースでは一般論では済まされません～真剣に考えざるをえないのです」と述べている。この例を挙げることで、三つの位相に分けることで、一般論の世界では簡単に片づけられる問題が、他の位相ではそうはいかない難しい問題になることを示している。よって、③が適する。①は「生死の問題のみ」の部分、②は「自分らしさ」の部分、④は「私たちの視点からその問題を解決する」の部分、⑤は「自分の考えを正しく伝える」の部分が、それぞれ適さない。

問13　初めの部分は「らしさ」について、次の部分は「本質主義と構築主義」について、最後は「三つの視点」について書かれている。よって、①が適する。②は「まず、『人間とは何か』という定義を明確に結論づけ」の部分が、③は「まず、人間像を歴史的な視点から振り返り」の部分が、それぞれ適さない。④、⑤は全体的に本文の内容と合わない。

問14　①「人間らしさ」を定義することが難しい理由は、問3の挿入文の③にあるように「人間とは何かという～定義に照らして人間らしいか否かを導く必要があるから」なので、適さない。　②傍線部Bを含む段落の次の段落に「日本という国のある場所で、ある時代のある文化の中で男らしさが定義されていて」とあり、男らしさの定義が曖昧なわけではないので、適さない。　③「時代やその文化において事物が定義されていく考え」は、「構築主義」なので、適さない。　④波線部イを含む段落に「文化人類学者や社会学者のようにすべてが構築されていると考えるならば、時に『人間らしさなど考えても仕方がない』というニヒリズム的立場に陥ります」とあるので、適する。　⑤「人生の始まりや終わりを意識する」のは、「私たちの世界」の視点なので、適さない。　⑥二重傍線部Zを含む段落の次からの４段落の内容と一致するので、適する。

2　問1ａ　「召しよせる」は「呼びよせる」の尊敬語。男の童を呼んだ①の「姫君」が適する。　　ｂ　にらみつけられたことで「まどひける」という状態になったので、にらまれている③の「女房たち」が適する。　　ｃ　「お

(68)

ぼす」は「思う」の尊敬語。この内容を思っているのは、「親たち」なので、②が適する。

問2 「並大抵で無い感じ」の姫君であり、「親たちがたいそう可愛がって」いるのだから、⑤が適する。

問3 空欄Bには、どんな虫を集めているかを表す言葉が入る。空欄Bの次の行に「中にも、『烏毛虫の～』」とあるので、女房たちが怖がる毛虫のような虫を集めていることから考えると、②が適する。

問4 空欄Cをとっても文の意味が通じるので、ここには「強調」を表す助詞が入ると考えられる。「強調」を表す助詞は、②の「なむ」と⑤の「こそ」であるが、結びが「ける」と連体形で終わっているので、②の「なむ」が適する。「こそ」は、結びが已然形になる。

問5 傍線部Dの口語訳は、「こちらから申し上げる」である。「こちら」にあたるのは、この会話文の主語である「親たち」。相手は「姫君」になるので、④が適する。

問6 この会話の最後に「世の人の聞かむも、いとあやし」とあることから、親たちは世間の評判を心配していることがわかるので、①が適する。

問7 「鬼と女とは人に見えぬぞよき」と思案した時の姫君は、「さすがに、親たちにもさし向かひたまはず(＝親たちに面と向かってお会いするのが恥ずかしく)」という心境であり、「理詰めで親を言い負かし、親の手に負えない」さまだけが描かれているわけではない。よって、⑤が正解。

問8 ②は『枕草子』で、平安時代の随筆なので、これが適する。①は『平家物語』で、鎌倉時代の軍記物語。③は『徒然草』、⑤は『方丈記』で、ともに鎌倉時代の随筆。④は『おくのほそ道』で、江戸時代の俳諧紀行。

═《2019　数学　解説》═

1 (1) 与式 $= -9 \div \dfrac{9}{4} - \left\{ \dfrac{1}{3} - \left(\dfrac{2}{6} - \dfrac{3}{6} \right) \div \dfrac{1}{4} \right\} = -9 \times \dfrac{4}{9} - \left(\dfrac{1}{3} + \dfrac{1}{6} \times 4 \right) = -4 - \left(\dfrac{1}{3} + \dfrac{2}{3} \right) = -4 - 1 = -5$

(2) $x : y = 1 : 2$ より、$y = 2x$ だから、これを $3x - 2y = -5$ に代入すると、$3x - 2 \times 2x = -5$

$3x - 4x = -5$　　　$-x = -5$　　　$x = 5$

$y = 2x$ に $x = 5$ を代入すると、$y = 2 \times 5 = 10$

(3) $x^3 y - xy^3 = xy(x^2 - y^2) = xy(x + y)(x - y)$　　ここに $x = \sqrt{3} + 2$、$y = \sqrt{3} - 2$ を代入すると、

$(\sqrt{3} + 2)(\sqrt{3} - 2)\{(\sqrt{3} + 2) + (\sqrt{3} - 2)\}\{(\sqrt{3} + 2) - (\sqrt{3} - 2)\} = (3 - 4) \times 2\sqrt{3} \times 4 = -8\sqrt{3}$

(4) $-2 < -\dfrac{5}{3} < -1$、$2\sqrt{10} = \sqrt{40}$ で、$\sqrt{36} < \sqrt{40} < \sqrt{49}$ だから、$6 < 2\sqrt{10} < 7$ である。よって、$-\dfrac{5}{3}$ より大きく $2\sqrt{10}$ より小さい整数は、-1、0、1、2、3、4、5、6 だから、全部で8個ある。

(5) 折り返した辺だから、$AD = FD = 7\,cm$、$AB = AD + DB = 7 + 3 = 10(cm)$ なので、正三角形ABCの1辺の長さは $10\,cm$ である。

△DBFと△FCEについて、△ABCが正三角形だから、$\angle DBF = \angle FCE = 60°$、

$\angle DFB = 180° - \angle DFE - \angle EFC = 180° - 60° - \angle EFC = 120° - \angle EFC$、△FCEの内角の和より、

$\angle FEC = 180° - \angle ECF - \angle EFC = 180° - 60° - \angle EFC = 120° - \angle EFC$ だから、$\angle DFB = \angle FEC$ である。したがって、2組の角の大きさがそれぞれ等しいから、△DBF∽△FCEである。

よって、$BF : CE = DB : FC$ より、$8 : CE = 3 : (10 - 8)$　　$CE = \dfrac{8 \times 2}{3} = \dfrac{16}{3}(cm)$

(6) できる立体は、右図のような底面の半径がBC、高さが $AB = 2\,cm$ の円すいである。

三平方の定理より、$BC = \sqrt{AC^2 - AB^2} = \sqrt{3^2 - 2^2} = \sqrt{5}\,(cm)$ だから、

求める体積は、$\dfrac{1}{3} \times (\sqrt{5})^2 \pi \times 2 = \dfrac{10}{3}\pi\,(cm^3)$ である。

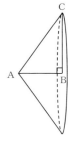

2 (1) $1^3 + 2^3 = 1 + 8 = 9 = 3^2 = (1 + 2)^2$

(2) $1^3+2^3+3^3=1+8+27=36=6^2$

(3) (1), (2)より, $1^3+2^3+3^3+\cdots+n^3=(1+2+3+\cdots+n)^2$ とわかる（nは自然数）。

3025を素因数分解すると $5^2\times11^2$ だから, $3025=55^2$ となり, $1+2+3+\cdots+n=55$ である。

連続する整数の和は, $\dfrac{\{(最初の数)+(最後の数)\}\times(個数)}{2}$ で求められるから, $\dfrac{(1+n)n}{2}=55$ となり,

$(1+n)n=110$　　$n^2+n-110=0$　　$(n+11)(n-10)=0$　　$n=-11,\ 10$　　nは自然数だから, $n=10$

3 2点A, Dが直線BCについて同じ側にあり, ∠BAC＝∠BDCだから,

円周角の定理の逆より, 4点A, B, C, Dは同一円周上にある。同様に,

4点A, C, D, Eも同一円周上にあるとわかる。

どちらの円の中心も, 弦ACと弦ADそれぞれの垂直二等分線の交点にある

から, 5点A, B, C, D, Eは同一円周上にあり, 右のように作図できる。

△ACOにおいて, 外角の性質より, ∠ACO＝∠COD－∠CAD＝44°

同じ弧に対する円周角は等しいから, ∠ABE＝∠ACO＝44°

△ABEにおいて, 内角の和より, ∠CAD＋∠AEB＝180－（44＋31＋23）＝82(°)

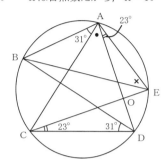

4 (1) 放物線①と直線②の交点A, Bの y 座標について, $x^2=x+1$ となり, $x^2-x-1=0$

2次方程式の解の公式より, $x=\dfrac{-(-1)\pm\sqrt{(-1)^2-4\times1\times(-1)}}{2\times1}=\dfrac{1\pm\sqrt{1+4}}{2}=\dfrac{1\pm\sqrt{5}}{2}$

Aの x 座標は, Bの x 座標よりも小さいから, $\dfrac{1-\sqrt{5}}{2}$ である。

(2) 直線②と y 軸との交点をEとすると, 直線②の式より,

E(0, 1), (1)の解説より, Bの x 座標は, $\dfrac{1+\sqrt{5}}{2}$ である。

右の「座標平面上の三角形の面積の求め方」より,

$\triangle AOB=\dfrac{1}{2}\times OE\times(A と B の x 座標の差)$ で求められる。

$OE=1$, $(A と B の x 座標の差)=\dfrac{1+\sqrt{5}}{2}-\dfrac{1-\sqrt{5}}{2}=\sqrt{5}$

だから, $\triangle AOB=\dfrac{1}{2}\times1\times\sqrt{5}=\dfrac{\sqrt{5}}{2}$ である。

(3) Dは放物線①上の点だから, $x=t$ より, $y=t^2$ なので,

D(t, t^2)である。Dを通り y 軸に平行な直線と直線②との

交点をFとする（右図）と, Fの x 座標はDの x 座標に等しく t だから, $y=t+1$ と

なり, F(t, $t+1$)である。「座標平面上の三角形の面積の求め方」をふまえると,

$\triangle ADB=\dfrac{1}{2}\times DF\times(A と B の x 座標の差)$ で求められるとわかる。

$DF=t+1-t^2=-t^2+t+1$, $(A と B の x 座標の差)=\sqrt{5}$ だから,

$\triangle ADB=\dfrac{1}{2}\times(-t^2+t+1)\times\sqrt{5}=-\dfrac{\sqrt{5}}{2}(t^2-t-1)$ である。

座標平面上の三角形の面積の求め方

下図において, △OPQ＝△OPR＋△OQR＝

△OMR＋△ONR＝△MNRだから,

△OPQの面積は以下の式で求められる。

$$\triangle OPQ=\dfrac{1}{2}\times OR\times(PとQの x 座標の差)$$

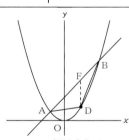

5 aは1〜8の8通り, bは1〜8の8通りあるから, カードの取り出し方は, 全部で $8\times8=64$ (通り)ある。

(1) 点Pが直線 $y=x$ 上にあるとき, a＝bである。したがって, 条件に合う(a, b)は, (1, 1), (2, 2),

…, (8, 8)の8通りあるから, 求める確率は, $\dfrac{8}{64}=\dfrac{1}{8}$ である。

(2) △OAPの底辺をOA＝4cmとしたときの高さを h cmとすると, $\dfrac{1}{2}\times4\times h=10$ となるから, $h=5$ であ

る。したがって, 点Pの x 座標が5であればよいから, 条件に合う(a, b)は, (5, 1), (5, 2), …,

(5, 8)の8通りあるので, 求める確率は, $\dfrac{8}{64}=\dfrac{1}{8}$ である。

(3)　PとQは，x座標とy座標を入れかえただけだから，
直線$y＝x$について対称な点であり，右のように作図する
と，△ＰＱＲは直角二等辺三角形となる。

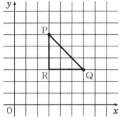
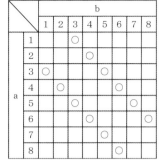

直角二等辺三角形の３辺の長さの比は$1：1：\sqrt{2}$だから，
ＰＱ$＝2\sqrt{2}$㎝となるとき，ＰＲ$＝$ＱＲ$＝\dfrac{1}{\sqrt{2}}$ＰＱ$＝$
$\dfrac{1}{\sqrt{2}}×2\sqrt{2}＝2$（㎝）である。

ＰＲとＱＲは，それぞれ a と b の差に等しい。これが２であればよいから，条件に

合う（a，b）は，右表の○印の 12 通りあるので，求める確率は，$\dfrac{12}{64}＝\dfrac{3}{16}$である。

6　(1)　手順Ⅱより，$3×4＝12$，手順Ⅲより，$（12＋80）×100÷4＝2300$ となる。手順Ⅳより，Ｂさんは 2019 年
　２月７日の時点で誕生日を迎えているから，$2300＋19＝2319$，手順Ⅴより，$2319－1999＝_X 320$ となる。

　(2)　最初に選んだ数字をxとすると，手順Ⅱ，Ⅲより，$（4x＋80）×100÷4＝100x＋2000$ だから，手順Ⅳで得ら
　れる数は，$100x＋2000＋19＝_Y \underline{100x＋2019}$，または，$100x＋2000＋18＝_Y \underline{100x＋2018}$ である。

　したがって，最初に選んだ数によって変化するのは，百の位だけだから，計算結果の下２桁に影響を与えない。

　また，手順Ⅴで，$100x＋2019－\underline{（生まれた年）}$，または，$100x＋\underline{2018}－\underline{（生まれた年）}$を計算し，下線部は現在の年

　齢と等しくなる。xは１桁の整数だから，計算結果の下２桁は年齢と同じになる。

　よって，Ｙが c，Ｚが e なので，⑧を選べばよい。

━《2019　英語　解説》━

3　5　「私たちは急ぐ必要はありません。時間は（たくさんあります）」という文にすればよいから，③が適当。time
「時間」は不可算名詞だから，「たくさんある」様子は〈much＋単数形〉で表す。なお，〈a lot of＋単数形〉も可。

　6　この（　　）に入れるのは人称代名詞「～のもの」だから，④が適当。文意：「これは私の辞書ではありません。
彼のものだと思います」

　7　「英語で書かれたメール」は〈written＋in English〉で後ろから an e-mail を修飾して表す。④が適当。

　・written in＋言語「（言語）で書かれた」　・written by＋人「（人）によって書かれた」　文意：「私は昨日，英語で書
かれたメールを受信しました」

　8　look forward to ～ing「～するのを楽しみにする」より，③が適当。look forward to ～の to は不定詞ではなく前置
詞だから，続く動詞は ing 形である。文意：「あなたと再会するのを楽しみにしています。では，そのときに」

　9　・have/has＋過去分詞＋since＋過去の一時点を表す語句「（過去の一時点）からずっと～している」“継続”を表
す現在完了の文。②が適当。文意：「私は 1992 年から（ずっと）アラガキさんを知っています」

　10　Only one time.「１度だけです」という返答より，頻度を尋ねる疑問文にすればよいから，④が適当。　・How
often ～？「どれくらい（の頻度で）～？」　文意：「あなたは１週間にどれくらい（の頻度で）部屋を掃除しますか？」

4　11　The computer which he used yesterday doesn't work today.：「彼が昨日使ったコンピュータ」は〈which ＋he used
yesterday〉で後ろから The computer を修飾して表す。「動かない」＝don't/doesn't work

　12　I don't know which movie to choose.：選択肢の語より，「どの映画を選ぶべきかわからない」という文にする。
「～がわからない」＝I don't know ～　「どの映画を選ぶべきか」は〈which＋movie＋to choose〉で表す。

　13　I was watching TV when Hiroshi visited my house.：「～のとき，…していた」は〈過去進行形の文＋when＋過去
形の文〉または〈When＋過去形の文，過去進行形の文〉で表す。文末の house.に合わせるから，ここでは〈過去進

行形の文＋when＋過去形の文〉を使う。

14　How <u>many</u> books are <u>there</u> in this library? :「(場所)にあるものの数を尋ねる文」は〈How many＋^{名詞の複数形}○○＋are there＋in＋場所?〉で表す。

15　He is too old <u>to</u> run faster <u>than</u> his son. :「…すぎて〜できない」＝too…to 〜，「息子より速く走る」＝run faster than his son

5　16〜18，20　【5 本文の要約】参照。

19　付加疑問文(＝「ですよね?」と念を押したり，同意を得たりする文)を完成させる問題。肯定文には否定の，否定文には肯定の付加疑問をつける。この問題では主語が You で，動詞が work(＝一般動詞の現在形)の肯定文だから，④don't you が適当。

21　スマイルズが説明したルールに I'll ask you questions for <u>one</u> minute.とあるから，①が適当。・for＋期間「〜の間」

【5　本文の要約】

　　おはようございます！バリー・スマイルズです。*Yes/No contest* へようこそ。ルールは簡単です。(F)①<u>私が1分間質問します</u>。あなたは Yes と No を使わずに答えなければなりません。うなずいたり頭を振ったりするのもダメです。では最初の挑戦者です。フロリダ州パームビーチからいらっしゃったアン・モックさんです。

スマイルズ：お名前をどうぞ。

　　　　アン：アンです。アン・モックです。

スマイルズ：どちらからいらっしゃいましたか?

　　　　アン：パームビーチです。

スマイルズ：パームスプリングスですか?

　　　　アン：(A)②いいえ(＝No)，パーム…　(『ゴン』という鐘の音)　鐘が鳴った＝Yes か No と言ってしまったと判断する。

スマイルズ：ああ，アン，残念でした。あなたは(A)②No と言ってしまいました。次の挑戦者はミズーリ州セントルイスからいらっしゃったチャック・フリーナーさんです。フリーナー医師，でしょうか?

チャック：(B)④すみません(＝Excuse me)が，チャックと呼んでください。

スマイルズ：わかりました。チャック，準備はいいですね?

チャック：準備万端です。

スマイルズ：うなずきましたか?

チャック：うなずいていません。

スマイルズ：本当に?

チャック：(C)①はい(＝Yes)，本当です。　(『ゴン』という鐘の音)　鐘が鳴った＝Yes か No と言ってしまったと判断する。

スマイルズ：おっと，残念です，チャック。次回がんばってください。さあ，3人目の挑戦者です。ワシントン DC からお越しのリチャード・オロパロさんです。

リチャード：バリーさん，こんにちは。

スマイルズ：ホテルに勤務されていらっしゃるんですよね?

リチャード：その通りです。

スマイルズ：お仕事は気に入っているんですか?

リチャード：とても楽しいです。

スマイルズ：へえ，そうですか?

リチャード：「とても楽しいです」と申し上げましたよ。

スマイルズ：では，奥さんはいらっしゃるんですよね？

リチャード：妻がいます。

スマイルズ：奥さんは今夜ここにいらっしゃいますか？

リチャード：妻はワシントンの家にいます。

スマイルズ：では奥さんはここにはいらっしゃらないのですね。

リチャード：(E)②もちろん，いません（＝Of course, not）。　この後も会話が続く＝Yes と No を使うのを避けて答えたと判断する。

スマイルズ：お子さんはいらっしゃいますか？

リチャード：子どもは2人います。

スマイルズ：男の子2人ですか？

リチャード：男の子と女の子1人ずつです。

スマイルズ：では…（『ブー』というブザーの音）　(F)①1分経ちました！やりましたね，リチャード！みなさん，すばらしいですよね？彼が今夜の賞品を獲得しました。新しい食洗機です！

6　22　ネルソン・マンデラが，国をまとめるために利用しようと考えたものだから，直前の文にある③the Rugby World Cup「ラグビーワールドカップ」が適当。

　23　同文中のカンマの前が過去形（the president said,）だから，過去形の④felt が適当。

　24　In South Africa, people thought that rugby was a sport for white people.：③が適当。・think that＋主語＋動詞「～だと考える／思う」

　25　【6　本文の要約】参照。「南アフリカではラグビーは白人のスポーツだと考えられていた（＝1つ目の根拠）」⑤その上，「スプリングボクスは国際試合の経験がほとんどなかった（＝2つ目の根拠）」ため，国民はスプリングボクスがワールドカップで良い成績を残すとは思っていなかった（＝結論）」の流れ。情報を追加する際に使う moreover「その上」が適当。

　26　「国民」が，「ワールドカップで良い結果を残さないだろう」と思っていた人々（＝they）だから，⑤Springboks「スプリングボクス」が適当。

　27　①が適当。・keep ~ing「～し続ける」

　28　【6　本文の要約】参照。③proud of ～「～を誇りに思う」が適当。①afraid of ～「～を恐れる」，②added to ～「～を加えた」，④passed on「先に進んだ／通り過ぎた」，⑤full of ～「～でいっぱいの」は本文の内容に合わない。

　29　南アフリカではアパルトヘイト撤廃後も人種間の溝が一向に埋まらずにいたが，ラグビーというスポーツを通して国がひとつになった，という内容だから，⑤「祖国のための勝利」が適当。①「ラグビーのルールを学ぼう」，②「ラグビーワールドカップを楽しもう」，③「世界の危険なスポーツ」，④「黒人のためのラグビーチーム」は本文の内容に合わない。

　30　○は【6　本文の要約】参照。①×「スプリングボクスが決勝戦に勝った後，ネルソン・マンデラは南アフリカ初の黒人大統領になった」…出来事の順序が逆である。　②×「フランソワ・ピナールは世界一のラグビー選手だった」…本文にない内容。　③「黒人は×ラグビーのルールを知らなかったので，スプリングボクスを応援しなかった」…正しくは，白人のスポーツだと考えていたため，である。　④×「スプリングボクスはワールドカップに出場したが，すぐに敗退した」…予想に反して優勝した。　⑤○「ラグビーワールドカップの決勝戦の日，ネルソン・マンデラはスプリングボクスのユニフォームを着ていた」

　1994 年，ネルソン・マンデラは南アフリカ初の黒人大統領になった。彼はアパルトヘイトを終わらせたが，黒人と白人は互いを信用してはいなかった。マンデラには，国中をまとめるための何らか(の方策)が必要だった。1995 年にラグビーワールドカップが南アフリカで行われることになっていた。彼はそれを利用することにした。

　マンデラはラグビーのナショナルチーム(＝国の代表チーム)のキャプテン，フランソワ・ピナールに会った。マンデラ大統領が「スポーツは我々の国に平和をもたらすことができる」と述べた時，ピナールは「我々がワールドカップで優勝しなければ！」と感じたという。

　黒人はラグビーのナショナルチームであるスプリングボクスを応援していなかった。南アフリカではラグビーは白人のスポーツだと考えられていたからだ。

　④⑤その上，スプリングボクスは国際試合の経験がほとんどなかったため，国民はスプリングボクスがワールドカップで良い成績を残すとは思っていなかった。

　しかし，マンデラはチームを信じ，チームのメンバーを「息子」と呼んだ。そして黒人に向け「スプリングボクスを応援しよう。彼らは我々の国のチームだ。新しい国を築くためには全ての人種が協力しなければならない」と呼びかけた。

　ワールドカップが始まった。驚くべきことにスプリングボクスは勝ち続け，チームを応援する黒人はどんどん増えていった。

　30⑤決勝戦の日，スタジアムにいた観衆はマンデラがチームを鼓舞する姿を目にした。彼はスプリングボクスのユニフォームを着ていた。南アフリカの全ての人種が，自分たちの大統領を，チームを，そして国を誇りに思った。

　厳しい試合だったが，最後にスプリングボクスが勝利した！誰もが喜びを分かち合った。それは新たな南アフリカが誕生した瞬間であった。

7　31　【7 本文の要約】参照。④too「〜も」が適当。

　32　【7 本文の要約】参照。同文中の後半にある dangerous「危険な」の反意語，⑤safe「安全な」が適当。①delicious「おいしい」，②small「小さい」，③impressive「印象的な」，④developing「発展中の」は本文の内容に合わない。

　33　【7 本文の要約】参照。地球が温暖化するのに伴って，暑い国の虫が移り住める様になるところだから，②cooler countries が適当。

　34　【7 本文の要約】参照。直後の like mosquitoes「蚊の様に」より，①insects「虫(の複数形)」が適当。②countries「国(の複数形)」，③mosquitoes「蚊(の複数形)」，④viruses「ウイルス(の複数形)」，⑤people「人々(person の複数形)」は本文の内容に合わない。

　35　【7 本文の要約】参照。指示語(代名詞)が指すものや，〈, too〉に着目して並べかえる。⑦と⑦の They は germs を，㋤の It は◻◻◻の上の行にある Your skin を指す。⑤が適当。

　36　「どこにでも存在する」「目には見えない」「インフルエンザの様な病気の原因となる」などから，⑤「細菌」が適当。

　37　直後の Antibodies can find and stop germs.より，「細菌を発見して殺すことができるもの」である，②「抗体」が適当。なお，接頭語の anti には「抗」，「反」，「対」の意味がある。

　38　直後に，You should wash your hands with soap and water.とあるから，⑤What can you do to fight germs?「細菌と戦うため，あなたには何ができるでしょうか？」が適当。

　39　○は【7 本文の要約】参照。①「細胞は飛行機で世界中を旅することが×できない」　②×「暖かい国々はだ

んだん涼しくなりつつある」…正しくは，「涼しい国々はだんだん暖かくなりつつある」である。　③「細菌が体内に侵入してしまうので×大食いすべきでない」　④○「細菌と戦うために，手を洗う必要がある」　⑤「蚊×だけが危険なウイルスを媒介する」…蚊は危険なウイルスの媒体となる虫の一例である。

【7 本文の要約】

細菌はどこにでも存在します。目には見えなくても，あなたのテーブル，パソコン，そして空気中にも存在します！

人間と同様に細菌も世界中を移動します。我々と共に飛行機に搭乗します。食べ物や衣類などが世界中を移動すると細菌 ①④も 一緒に旅をするのです。 ②⑤安全な 細菌もいれば危険な細菌もいて，インフルエンザの様な病気の原因にもなります。

温暖な気候が細菌をもたらす

世界の気候は変わりつつあります。（比較的）涼しい国が温暖化しているため，暑い国々の虫はそこ（＝③②cooler countries）に移り住むことができます。そういった ④①虫 の中には，蚊の様に危険なウイルスを運ぶものもいます。それらのウイルスが原因で人々は頭痛や高熱などを 患（わずら）い，時には死に至ることさえあります。

皮膚の下で

あなたの皮膚はあなたを細菌から守っています。㋒皮膚は細菌を防ぐことができますが，万全ではありません。㋕けがをしたり，切り傷を負ったりすることで細菌はあなたの体内に侵入することができます。㋑細菌はあなたの手にもついています。㋐あなたが手で目，鼻，口を触ると細菌はあなたの体内に侵入します。

細菌との戦い

免疫システムもあなたを守っています。体内に細菌が侵入すると，免疫システムがそれを見つけて殺します。特別な細胞があなたの体内を動き回り，細菌と戦っています。それらがしっかりと働いてくれるおかげであなたは健康でいられるのです。他に，抗体をつくる細胞もいます。抗体とは，細菌を発見して阻止するものです。

⑤⑤細菌と戦うため，あなたには何ができるでしょうか？ 39④石鹸と水を使って手洗いをしましょう。石鹸が多くの細菌を殺し，水がそれを洗い流してくれます。

《2019　理科　解説》

1　問3　つりあう２力の３つの条件は，同一直線上にあり，大きさが等しく，向きが反対である。これらの条件を満たし，ある１つの物体に対して異なる２つの物体から力がはたらいているとき，２力はつりあっているといえる。ア．×…３つの条件は満たしているが，２つの物体がたがいに力を及ぼし合っている関係だから，作用・反作用である。イ．×…３つの条件は満たしているが，ある１つの物体から異なる２つの物体に対してはたらく力だから，つりあっている力ではない。

問4　17.0m/sで進む自動車が1.0秒間隔で音を出すから，音を出してから次の音を出すまでに17m進む。したがって，ある音（X）から1.0秒後に出した音（Y）は，Aさんまでの距離が17m短くなり，Aさんに届くまでの時間が $\frac{17(\text{m})}{340(\text{m/s})}$ ＝0.05（s）短くなる。よって，Yは，Xが届いてから1.0－0.05＝0.95（秒後）に届く。

問5　電解質の水溶液に異なる種類の金属板を入れて導線でつなぐと化学電池になり，電流が流れる。電解質とは水に溶けると電離する物質のことである。６つの液体の中で電解質の水溶液は，食塩水，水酸化ナトリウム水溶液，水酸化バリウム水溶液の３種類である。残りの３種類は液体中にイオンが存在しないので，電流が流れない。

問6　ＢＴＢ溶液は酸性で黄色，中性で緑色，アルカリ性で青色を示す。表より，塩酸2.0㎤と水酸化ナトリウム水溶液4㎤が過不足なく反応し，中性になったことがわかる。よって，水酸化ナトリウム水溶液の体積が4㎤になるまでは，塩酸中の水素イオンと水酸化ナトリウム水溶液中の水酸化物イオンが結びついて水になる〔$H^+ + OH^- \rightarrow H_2O$〕ので，水酸化物イオンの数は０であり，水酸化ナトリウム水溶液の体積が4㎤より大きくなると，水酸化物イオンが結びつく水素イオンが存在しないので，数が増えていく。よって，⑤が正答である。

問7　部屋を暗くしていくと，レンズを通過する光の量が多くなるように虹彩が小さくなり，ひとみは拡大する。また，物体の位置やレンズの焦点距離が変わらなければ，像の大きさは変わらない。よって，①が正答である。

問8　肺では血液中から二酸化炭素が排出される。腎臓では尿素が水などとともにこしとられて尿がつくられる。肝臓では有害なアンモニアが無害な尿素に変えられる。よって，③が正答である。

問9　南の空を通るある星を同じ場所で同じ時刻に観察すると，地球の公転によって，1年で約1回転→1か月で約30度西にずれた位置に見え，地球の自転によっても，1日で約1回転→1時間で約15度西にずれた位置に見える。よって，2月15日から2か月後の4月15日には，公転によって約30×2＝60(度)西にずれた位置にあるから，この60度のずれを自転によって戻すために，午前0時の60÷15＝4(時間前)の午後8時に観察すればよい。

問10　④×…台風の中心付近では，強い上昇気流が発生して積乱雲が発達し，強い風をともなった激しい雨が降る。なお，台風の中心(台風の目)では，下降気流が発生して雲がなく，晴れている。

2　問1　コイルの中の磁界が変化するとコイルに電圧が生じ電流が流れる。この現象を電磁誘導といい，電磁誘導によって流れる電流を誘導電流という。近づける磁石の極が変わるとコイルに流れる電流の向きは逆になる。また，磁石の動かす速さが速くなると磁界の変化が大きくなるので，流れる電流は大きくなる。よって，⑤が正答である。

問2　①食品に含まれる水分をマイクロ波で振動させ，その摩擦熱によって食品があたためられる。

問3　X．コイル2に図Iの右手をあてはめると，左端がN極，右端がS極になる。Y，Z．スイッチを閉じると，電熱線Aに電流が流れなくなって，回路全体の抵抗が小さくなり，コイル2に流れる電流が大きくなるので，コイル2の磁界が強くなる。これは，コイル1のA面にとって，コイル2の右端であるS極が近づいてきたことと同じだから，電磁誘導が起こりコイル1に電流が流

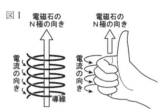

図I　電磁石のN極の向き　電流の向き　導線

れる。問1より，A面にS極が近づいてくるときには針のふれる向きが図1のときの逆の＋側になる。

問4　台車が斜面を下り，コイル1のA面に棒磁石のN極が近づいていくときは－側にふれる。台車がコイル1の中を通り抜けて，A面の反対側からS極が遠ざかっていくときには，A面の反対側がN極，A面がS極になるので，＋側にふれる。よって，⑤が正答である。

問5　P点とQ点の高さは等しいので，斜面の角度を大きくしても手を離す前の台車がもつ位置エネルギーは変化せず，力学的エネルギーの保存より，水平面での運動エネルギーも変化しない。運動エネルギーが同じであれば，コイル1を通り抜けるときの速さも同じだから，①が正答である。

3　問1，2　グラフより，鉄と硫黄は，質量比 0.7：0.4＝7：4で過不足なく反応することがわかる。よって，鉄3.5 gは硫黄 $3.5×\frac{4}{7}=2.0$(g)と過不足なく反応するから，硫化鉄が 3.5＋2.0＝5.5(g)でき，硫黄が 2.4－2.0＝0.4(g)残る。残った硫黄0.4 gは，鉄0.7 gと過不足なく反応する。

問3　操作1より，水にとけたAとBは二酸化炭素かアンモニアである。操作2より，青色リトマス紙が赤色になったAは，水に溶けると酸性を示す二酸化炭素であり，Bはアンモニアだとわかる。①では硫化水素，②では二酸化炭素，③では水素，④ではアンモニア，⑤では酸素が発生するから，④が正答である。

問4　操作3より，線香が炎を上げて燃えたCは酸素である。また，マッチの火を近づけて音を立てて燃えたEは水素だから，Dは窒素である。窒素は水に溶けにくいから水上置換法で集める。よって，③が正答である。なお，①と④は塩素，②はアンモニア，塩素，塩化水素など，⑤は二酸化炭素の性質である。

問5　20℃の空気 1000 ㎤の質量は，$\underset{800㎤の窒素の質量}{1.16×0.8}+\underset{200㎤の酸素の質量}{1.33×0.2}=1.194$(g)だから，500 ㎤では $1.194×\frac{500}{1000}=0.597$→0.60 gである。

4　問1，2　B，C，Eのオオカナダモはすべて同じ量の呼吸を行っている。また，アルミニウムはくで全体をおおったEのオオカナダモは，光がまったく当たらないので，光合成を行わず，光が当たるBとCのオオカナダモは光合成を行う。オオカナダモが光合成を行うと二酸化炭素を吸収するから，息をふきこんで(二酸化炭素を溶かして)

緑色にしたＢＴＢ溶液が青色に戻ったＢでは，呼吸で排出した二酸化炭素の量よりも多くの二酸化炭素を光合成で吸収したことがわかり，ＢＴＢ溶液の色が緑色のままだったＣでは，二酸化炭素の量が変化しなかった，つまり，呼吸で排出した二酸化炭素の量と光合成で吸収した二酸化炭素の量がほぼ同じだったことがわかる。

問3 実験前にオオカナダモは光の当たらないところに１日置いたから，実験前の葉の中にデンプンは残っていない。ＢとＣのオオカナダモは光合成を行ってデンプンをつくっているが，Ｃのオオカナダモは光合成量と呼吸量（光合成でつくられるデンプンの量と呼吸で使われるデンプンの量）がほぼ同じだから，デンプンが残っていないと考えられる。よって，ヨウ素液が青紫色に変化するのはＢだけである。

問4 対照実験を行うときには，調べたい条件以外はすべて同じにする必要がある。光合成に必要な要素としては，葉緑体，光，二酸化炭素，水が考えられる。①はＦとＨ，②はＦとＧの結果から確かめられる。④の酸素は光合成に必要な要素ではなく，⑤の水は試験管の条件を変えても確かめることができないので，③が正答である。

問5 問4解説より，ＨとＧの条件は変えてはいけないので，条件を変えるのはＩである。Ｉのアルミニウムはくをはがせば，Ｆと二酸化炭素の条件以外が同じになる。よって，⑤が正答である。

⎓《2019　社会　解説》⎓

1 **1** ④が正しい。ガンディーがデザインされた紙幣だからインドの10ルピー紙幣である。インドの国旗は，サフラン・白・緑の三色の横線の中央にチャクラのデザインが施されている。

2 ①が正しい。アメリカの農業区分については右図参照。

3 ⑤が正しい。ブラジルの日系人は南アメリカ州だけでなく世界で最も多い。①について，メスチソはヨーロッパ系とインディオの混血である。②について，ペルーではヨーロッパ系は少数で，メスチソが約50％を占める。③について，ボリビアではアフリカ系は少数で，インディオが約50％，メスチソが約30％を占める。④について，アルゼンチンの公用語はスペイン語である。南アメリカ大陸でポルトガル語を公用語とするのはブラジルだけである。

4 ⑤が正しい。２月７日午前11時と２月６日午後９時の時差は14時間ある。地図の経線は世界を24等分しているので，経線は１時間の時差ごと（経度 15 度ごと）に引かれていることがわかるから，名古屋（日本）から西（左）に14本動いた位置にあるニューヨークがあてはまるとわかる。

5 ①が最も標高が高い。地図の北西部（左上）に170mの山頂や100mの等高線が見られる。この土地は，北西部が最も標高が高く，南東部に行くほど標高が低くなっている。

6 ④が正しい。九州地方の両岸を流れる暖流は日本海流と対馬海流だから①は誤り。九州地方の人口は，北部の福岡県辺りに集中しているから②は誤り。北九州工業地帯では，エネルギー革命前は筑豊炭田の石炭を使った鉄鋼生産が行われていたが，エネルギー革命によって衰退し，現在では自動車工業がさかんだから③は誤り。潜伏キリシタン関連遺産に登録されたのは，長崎県の五島列島などの島々だから⑤は誤り。屋久島は鹿児島県に属する島である。

7 ⑤の近畿地方が正しい。南部に紀伊山地，北部に丹波山地があり，中央に京都盆地や奈良盆地がある。３つの中心都市は，大阪・京都・神戸であり，大阪大都市圏を形成している。各地方の世界遺産については上表を参照。

地方	世界自然遺産	世界文化遺産（略称）
北海道	知床	
東北	白神山地	平泉 （明治日本の産業革命遺産）
関東	小笠原諸島	日光の社寺 富岡製糸場 国立西洋美術館
中部		白川郷・五箇山の合掌造り集落 富士山 （明治日本の産業革命遺産）
近畿		法隆寺地域の仏教建造物 姫路城 古都京都の文化財 古都奈良の文化財 紀伊山地の霊場と参詣道
中国 四国		原爆ドーム 厳島神社 石見銀山
九州	屋久島	琉球王国のグスク 明治日本の産業革命遺産 『神宿る島』宗像・沖ノ島と関連遺産群 長崎・天草地方の潜伏キリシタン関連遺産群

2 **8** ④が正しい。①について，青銅器は祭器として使われ，武器や工具には鉄器が使われた。②について，三内丸山遺跡は縄文時代を代表する遺跡である。弥生時代を代表する遺跡として，佐賀県の吉野ケ里遺跡や静岡県の登呂遺跡がある。③について，弥生時代の稲作は，九州から東北地方までしか広まりを見せず，沖縄や北海道では狩猟採集が続けられていた。⑤について，弥生土器の命名は，出土した地名に由来する。

9 ④が正しい。『宋書』倭国伝に記述がある。①について，ワカタケル大王は，倭の五王の一人である「武」と言われている。また，雄略天皇とも言われている。②について，豪族は，先祖を共通にする氏という集団をつくった。姓（かばね）は朝廷から授かった身分を示す称号である。③について，須恵器は，高温で焼くために堅くて青灰色をしたものが多い。⑤について，当時の日本には製鉄技術がなかったため，朝鮮半島の百済から鉄を輸入していた。

10 ③が正しい。B（743年）→C（784年）→A（802年）→D（894年）

11 ①が正しい。②について，イギリス艦隊が破ったのはスペインの無敵艦隊である（アルマダの海戦）。③について，清教徒革命では，クロムウェル率いる議会側が勝利し，国王チャールズ1世が処刑された。④について，名誉革命では，議会は国王の追放に成功し，オランダから新たな国王を迎えた。⑤について，イギリスから独立したアメリカの州は13である。

12 ②が正しい。①について，蝦夷地で行われた漁はイワシではなくニシンである。イワシは九十九里浜あたりでさかんに捕られた。③について，塩田は雨の少ない瀬戸内地方で生産された。④について，足尾が銅山，石見が銀山である。⑤について，木綿・酒・菜種油などは，菱垣廻船や樽廻船で大阪から江戸に送られた。

13 ②が正しい。尾形光琳も宗達の「風神雷神図」を模写しているが，宗達の作品より色彩が鮮やかで風神・雷神の背景の渦が濃くなっている。

14 ①が正しい。1890年，1925年，1945年，2016年に選挙権年齢がどのように変化したかを答えられるようにしておこう。

15 ③が正しい。D（1875年）→B（1895年）→A（1902年）→C（1905年）

16 ①が正しい。ワイマール憲法の制定は1919年，米騒動は1918年のことである。②の金融恐慌は1927年，③の第二次護憲運動は1924年，④の普通選挙法は1925年，⑤のラジオ放送は1925年のことである。

17 ③が正しい。①について，アメリカのウィルソン大統領の提案で国際連盟は発足した。②について，常任理事国はイギリス，フランス，イタリア，日本で，アメリカは議会の反対にあって加盟しなかった。④について，ソ連とドイツの加盟年が逆である。⑤について，日本は満州事変を起こした後，リットン調査団の報告を受けた国際連盟の勧告を受け入れず，1933年に脱退の通告，1935年に正式脱退した。

18 ④が正しい。キューバ危機の記述である。①について，ベトナム戦争ではソ連が北ベトナム，アメリカが南ベトナムを支援した。②について，アメリカが西側諸国と結んだのはNATO（北大西洋条約機構）である。ワルシャワ条約機構はソ連を中心とした東側諸国の同盟である。③について，朝鮮戦争では北をソ連，南をアメリカが占領した。⑤について，マルタ会談はゴルバチョフとブッシュ大統領の間で行われた。

3 **19** ①が正しい。天皇の国事行為には，内閣の助言と承認が必要であり，国会の召集，内閣総理大臣の任命などがある。天皇の外国訪問は，国事行為ではなく，「公的行為」としている。

20 ①は正しい。②について，中国は共産党の一党独裁である。③について，二大政党制では，政権交代は起こりやすいが，連立政権（大連立）は起こりにくい。④について，多党制は過半数を占める政党がいない状態であり，小選挙区制は大政党に有利な制度であるため，小選挙区制では多党制にはなりにくい。⑤について，イギリスは二大政党制である。

21　③が正しい。①について，行政機関を相手に起こす裁判は「行政訴訟」と呼ばれる。②について，裁判の傍聴は国籍に関係なく外国人でもできる。④について，裁判員裁判は重大な刑事事件の第1審でしか行われないので，地方裁判所で行われ，高等裁判所では行われない。⑤について，罪刑法定主義は刑事裁判でとられる。

22　BとCが該当するから⑤が正しい。クーリング・オフは販売業者に対して販売方法を規制するものだからAは規制緩和にあたらない。コンビニエンスストアの値引き販売を規制していたのは，コンビニエンスストアの本社などであり，行政が行っていることではないのでDは規制緩和にあたらない。電子マネーを扱う企業に対する規制はあるが，支払方法に対する規制はもともとないから，電子マネーによる支払い可能は，鉄道側の企業努力なのでEは規制緩和にあたらない。

23　③が正しい。①について，グローバル化が進むとともに終身雇用や年功序列賃金を採用する企業が減り，成果主義・能力主義の企業が増えてきた。②について，「ノーマライゼーション」ではなく「ワーク・ライフ・バランス」である。④について，「ワーキングプア」はフルタイムで働いても収入が生活保護のレベルをこえないような社会層のことで「働く貧困層」とも呼ばれる。⑤について，女性の雇用割合は4割を超えるようになったが，正社員の雇用が増えているのではなく，パートタイムやアルバイトといった非正規社員の割合が増え続けている。

24　②が正しい。直接金融は，出資者の意見がかかわっているかどうかで判断する。銀行では，預金がどのような使われ方をしているか，出資者(預金者)にはわからないから，銀行を通じた融資は間接金融になる。それに対して，証券会社は，出資者(株式購入希望者)に代わって株式の売買をするから，証券会社を通じた投資は直接金融になる。株式は，株価が高いときには「売り」，安いときには「買い」に入ることで，その差額が利益になる。株式購入時より株価が下がっているときは売却しないほうがよいが，今後上がる可能性がない，または，まだ下がる可能性が高いときは，安い金額でも「見切りをつけて」売却する場合もある。

25　②が正しい。ICTは，Information and Communication Technology の略称である。APEC はオーストラリアの呼びかけで発足した。UNICEF は国連児童基金の略称である。

4　26　②が正しい。①について，アジア NIES は，モンゴルではなく台湾・香港・シンガポール・韓国を指す。③について，北朝鮮ではなく中国についての記述である。④について，韓国ではなく北朝鮮についての記述である。⑤について，中国の経済特区は，沿岸部の厦門，深圳，珠海，汕頭，海南島の5地区で北京は入らない。

27　④が正しい。①について，三・一独立運動に対応したのは関東軍ではなく朝鮮総督府である。②について，三・一独立運動が起きても同化政策をやめることはなく，さらに進んだ皇民化政策が推し進められた。③について，山東省の権益はフランスのものではなくドイツのものである。⑤について，国民政府は南京につくられた。

28　③が正しい。①について，国家は国民，領域，政府(権力)によって成り立つ。②について，日本の最南端に位置する島は，南鳥島ではなく沖ノ鳥島である。④について，北方領土に千島列島は含まれず，色丹島，歯舞群島，国後島，択捉島を北方領土と呼ぶ。⑤について，海岸線から200海里以内の水域で，領海(海岸線から12海里以内)を除いた部分を排他的経済水域と呼ぶ。

■ ご使用にあたってのお願い・ご注意

（1）問題文等の非掲載

　著作権上の都合により，問題文や図表などの一部を掲載できない場合があります。

　誠に申し訳ございませんが，ご了承くださいますようお願いいたします。

（2）過去問における時事性

　過去問題集は，学習指導要領の改訂や社会状況の変化，新たな発見などにより，現在とは異なる表記や解説になっている場合があります。過去問の特性上，出題当時のままで出版していますので，あらかじめご了承ください。

（3）配点

　学校等から配点が公表されている場合は，記載しています。公表されていない場合は，記載していません。

　独自の予想配点は，出題者の意図と異なる場合があり，お客様が学習するうえで誤った判断をしてしまう恐れがあるため記載していません。

（4）無断複製等の禁止

　購入された個人のお客様が，ご家庭でご自身またはご家族の学習のためにコピーをすることは可能ですが，それ以外の目的でコピー，スキャン，転載（ブログ，ＳＮＳなどでの公開を含みます）などをすることは法律により禁止されています。学校や学習塾などで，児童生徒のためにコピーをして使用することも法律により禁止されています。

　ご不明な点や，違法な疑いのある行為を確認された場合は，弊社までご連絡ください。

（5）けがに注意

　この問題集は針を外して使用します。針を外すときは，けがをしないように注意してください。また，表紙カバーや問題用紙の端で手指を傷つけないように十分注意してください。

（6）正誤

　制作には万全を期しておりますが，万が一誤りなどがございましたら，弊社までご連絡ください。

　なお，誤りが判明した場合は，弊社ウェブサイトの「ご購入者様のページ」に掲載しておりますので，そちらもご確認ください。

■ お問い合わせ

　解答例，解説，印刷，製本など，問題集発行におけるすべての責任は弊社にあります。

　ご不明な点がございましたら，弊社ウェブサイトの「お問い合わせ」フォームよりご連絡ください。迅速に対応いたしますが，営業日の都合で回答に数日を要する場合があります。

　ご入力いただいたメールアドレス宛に自動返信メールをお送りしています。自動返信メールが届かない場合は，「よくある質問」の「メールの問い合わせに対し返信がありません。」の項目をご確認ください。

　また弊社営業日（平日）は，午前9時から午後5時まで，電話でのお問い合わせも受け付けています。

2025 春

株式会社教英出版

〒422-8054　静岡県静岡市駿河区南安倍3丁目 12-28

TEL　054-288-2131　　FAX　054-288-2133

URL　https://kyoei-syuppan.net/

MAIL　siteform@kyoei-syuppan.net